Classiques & Contemporains

Collection animée par
Jean-Paul Brighelli et Michel Dobransky

Roy Lewis

Pourquoi j'ai mangé mon père

Traduit de l'anglais par
VERCORS et RITA BARISSE

Préface de VERCORS

Présentation, notes, questions et après-texte établis par
MATTHIEU GAMARD
NATHALIE LEBAILLY
professeurs de Lettres

MAGNARD

Sommaire

BIOGRAPHIE DE ROY LEWIS

De Roy Lewis, nous savons peu de choses en somme : qu'il est né le 6 novembre 1919, qu'il a fait ses études à Birmingham puis à Oxford, qu'il a intégré la célèbre London School of Economics puis qu'il a mené une carrière de journaliste et de sociologue.

Après s'être marié, il part en 1938, à l'âge de dix-neuf ans, visiter le monde en compagnie de son épouse. Tous deux vivent alors de son travail de pigiste. La guerre les surprend tandis qu'ils sont en Australie ; c'est pourquoi ils ne reposeront les pieds sur le sol anglais qu'en 1946.

Roy Lewis est l'auteur de plusieurs romans qui ont reçu un écho plus favorable en France et en Italie que chez ses compatriotes : *La Véritable Histoire du dernier roi socialiste, Mr Gladstone et la demi-mondaine* et *Pourquoi j'ai mangé mon père*, tous publiés aux éditions Actes Sud.

L'idée de *Pourquoi j'ai mangé mon père*, roman publié en Angleterre en 1960 sous le titre original *The Evolution Man* puis traduit en France par Vercors et Rita Barisse en 1990, a été involontairement soufflée à Roy Lewis par un célèbre anthropologue, son ami Louis Leakey, qui lors d'une conversation dansa devant lui pour évoquer de façon parlante des peintures rupestres. C'est alors que la vertu comique de la représentation de l'évolution de l'homme préhistorique lui serait apparue.

Roy Lewis est mort à soixante-seize ans le 9 octobre 1996.

CONTEXTE HISTORIQUE ET LITTÉRAIRE DE *POURQUOI J'AI MANGÉ MON PÈRE*

Une part importante de l'activité professionnelle de Roy Lewis s'est effectuée dans le journalisme. C'est donc un homme particulièrement au fait des événements et de l'actualité qui écrit *Pourquoi j'ai mangé mon père* en 1960.

On retiendra quelques éléments contemporains de la genèse du roman : les découvertes scientifiques liées aux origines de l'espèce humaine, la prolifération nucléaire, la guerre froide et l'évolution du Royaume-Uni.

À la recherche des premiers hommes

Tout au long du siècle, les découvertes paléontologiques ont connu d'immenses bouleversements. Roy Lewis, passionné d'anthropologie, s'est tenu informé des avancées dans ce domaine. Quelques découvertes célèbres sont faites dans les années de parution du roman. Ainsi, en 1959, Louis Leakey, anthropologue et ami de Lewis, met au jour l'un des plus fameux crânes d'australopithèques dans la gorge d'Olduvaï en Tanzanie. Il s'agit d'un australopithèque robuste datant de 1,75 million d'années qu'il baptise *Zinjanthropus boisei.* C'est le premier découvert dans cette partie de l'Afrique. Deux ans plus tard, en 1961, la femme de Leakey, Mary, met au jour, toujours à Olduvaï, le crâne d'une nouvelle espèce humaine, l'*Homo habilis*, le premier véritable ancêtre de l'homme capable de tailler des outils.

De façon moins immédiatement perceptible, l'actualité politique trouve aussi des résonances dans l'œuvre de Lewis.

La prolifération nucléaire

Depuis l'explosion des premières bombes atomiques américaines sur les villes japonaises d'Hiroshima et de Nagasaki en août 1945, les grandes puissances se livrent à une course aux armements sans précédent. Le nucléaire civil (destiné à la production d'énergie) est développé avec la même ardeur et les peuples doivent apprendre à vivre avec la peur de l'atome. On peut citer quelques étapes importantes de cette nucléarisation du monde. 1945 : première bombe atomique ou Bombe A (U.S.A.) ; 1949 : Bombe A (U.R.S.S.) ; 1951 : première bombe thermonucléaire ou Bombe H (U.S.A.) et première centrale nucléaire (U.S.A.) ; 1954 : centrale soviétique ; 1956 : centrale nucléaire de Marcoule (France) et de Calder Hall (Grande-Bretagne) ; 1957 : premières fusées intercontinentales (U.S.A. et U.R.S.S.) ; 1960 : Bombe A (France). Chacun des camps veille jalousement sur ses secrets technologiques (l'affaire Rosenberg en est un des épisodes les plus connus). Pourtant, cette escalade ne va pas sans susciter de vifs débats dans les pays démocratiques et de nombreux groupes, comme « Le Mouvement de la paix », remettent en cause l'« équilibre de la terreur ». Les intellectuels et les artistes se font l'écho de cette nouvelle donne historique : dès le 8 août 1945, dans un article paru dans *Combat*, Albert Camus se révolte que l'on puisse considérer comme un progrès une découverte mise « au service de la plus formidable rage de destruction dont l'homme ait fait preuve depuis des siècles ». Nombreux sont les cinéastes qui traitent du sujet : Alain Resnais avec *Hiroshima mon amour* à partir d'un scénario écrit par Marguerite Duras (1958) ou Stanley Kubrick avec *Le Docteur Folamour* (1963) dont le sous-titre

« Comment j'ai appris à ne plus m'en faire et à aimer la bombe » est particulièrement évocateur du sujet et du ton adopté. Le contexte est donc propice au débat sur le progrès et aux interrogations sur l'évolution de l'humanité ; le thème du roman de Roy Lewis, parmi d'autres œuvres littéraires et artistiques de l'époque, fait écho à ces préoccupations.

La guerre froide

La guerre froide est directement liée à la course au nucléaire : il s'agit des rapports conflictuels entre l'Union soviétique et les démocraties occidentales de 1948 à 1963. S'il existe une hostilité réciproque, il n'y aura jamais de conflit armé mettant aux prises directement les deux superpuissances, l'Union soviétique et les États-Unis. Le monde va pourtant vivre une quinzaine d'années dans la crainte d'une « guerre chaude » dans laquelle les armes atomiques risquaient de balayer l'espèce humaine. De 1945 à 1949, les anciens alliés de la coalition anti-hitlérienne se divisent et deux blocs apparaissent, l'un groupé derrière les États-Unis, l'autre derrière l'U.R.S.S. En 1948, les Russes imposent un blocus à la ville de Berlin-Ouest pour protester contre la création de la R.F.A. par les Occidentaux. La ville résiste grâce au pont aérien organisé par les U.S.A. C'est entre 1949 et 1953 que se produisent les principaux affrontements. En 1949, les États-Unis regroupent leurs alliés au sein de l'O.T.A.N. (Organisation du traité de l'Atlantique Nord) ; en 1955, le Pacte de Varsovie intègre les forces des pays « satellites » à celles du géant soviétique. Après une accalmie, la tension reprend et atteint son paroxysme en 1961 et 1962. Dans la nuit du 12 au 13 août 1961, la police militarisée de l'Allemagne de l'Est (R.D.A.) installe 43 kilomètres de barbelés qui deviennent, dans les mois suivants, le « mur de Berlin » ou « mur de la honte ». Puis, en 1962-1963, c'est la crise des fusées ou « crise de Cuba », qui fait suite à la tentative des Russes d'installer sur cette île des missiles pouvant toucher n'importe quel point du territoire américain.

Le Royaume-Uni et le monde

La reconstruction s'achève au Royaume-Uni au début des années 1950. C'est alors l'euphorie de l'entrée dans la société de consommation, au point que les conservateurs, au pouvoir depuis 1951, adoptent pour slogan en 1959 : « Vous n'avez jamais été aussi bien ! » Les intellectuels restent prudents face à ce qu'ils considèrent comme une illusion. Le groupe des « jeunes hommes en colère », par exemple, est profondément hostile à l'esprit bourgeois. C'est ainsi que John Osborne publie en 1956 une pièce à succès, *Look back in anger*, violemment opposée à la société de l'époque.

La politique extérieure du Royaume-Uni connaît de graves déboires dont ses dirigeants ne prennent pas la mesure, refusant de voir l'Angleterre comme une puissance secondaire. En 1952-1955 a lieu la guerre sanglante des Mau-Mau au Kenya. En 1956, l'expédition militaire de Suez, déclenchée avec la France, tourne au désastre sous les pressions soviétiques et américaines.

Au même moment, les débuts de la construction européenne, favorisée par la guerre froide, rencontrent l'hostilité des Britanniques qui privilégient une alliance atlantique (U.S.A.) plutôt que continentale et avec le Commonwealth (union formée par la Grande-Bretagne et ses anciennes colonies). Pourtant, l'Angleterre ne peut empêcher ni la création de la Communauté économique du charbon et de l'acier (C.E.C.A.) en 1951, ni celle de la Communauté économique européenne (C.E.E.) en 1958 à la suite du traité de Rome. Elle fait front avec la convention de Stockholm qui crée l'Association européenne de libre-échange en groupant Grande-Bretagne, Suède, Norvège, Danemark, Suisse, Autriche et Portugal. Cependant, les relations privilégiées avec son (ex-)empire sont en constante régression et le continent avance à un rythme bien plus rapide que le sien.

RÉSUMÉ DE *POURQUOI J'AI MANGÉ MON PÈRE*

(Chapitre 1) Discussion animée entre Édouard, le père du narrateur, et oncle Vania à propos du feu. (2) Retour en arrière : la vie avant le feu : la nourriture, l'habitat. Absence prolongée du père. Il revient le feu à la main. (3) « Déménagement » pour une belle caverne. Le narrateur présente la famille. (4) Retour en arrière : Édouard raconte sa conquête du feu. Nouvelle arme : la pointe durcie. (5) Conséquences : nourriture plus abondante, les femmes peuvent rester au foyer. Éducation des garçons : taille du silex, chasse, botanique. (6) Deuxième discussion entre Édouard et Vania (les commandements de l'oncle Vania). Invention de l'art figuratif : Alexandre, frère du narrateur, reproduit l'ombre de Vania. Père et fils dessinent un mammouth qui disparaît après la chasse ! (7) Dépression paternelle faute de nouvelles découvertes. Essais de domestication par William, le plus jeune des frères (Chiffon le chien). Trop de temps perdu en mastication ; Édouard voudrait en gagner pour méditer. Il cherche à savoir s'ils sont sortis du pliocène (la vue d'un hipparion leur prouverait que non) et essaie de produire lui-même le feu. (8) Retour d'oncle Ian, l'explorateur. Édouard lui fait visiter avec fierté leur nouvel habitat. Récit épique des aventures de Ian. Il chevauche un hipparion, tombe et meurt. (9) Le père emmène ses fils en expédition afin qu'ils fondent une famille en dehors de la horde. Discussion animée entre le père et Ernest, le narrateur, sur l'exogamie. (10) Portrait des femmes convoitées qui sont protégées par leur père. Idée d'Ernest d'attendre la chasse (elles seront laissées seules) pour les capturer. (11) Ernest croit pourchasser l'une de ces femmes, Griselda. Il est vexé. Il refuse de la capturer et s'enfuit en oubliant son gourdin. (12) Monologue d'Ernest : doit-il retourner auprès de Griselda et la prendre pour femme ? Elle lui sauve la vie. Il décide alors de la capturer. (13) Éloge de l'amour. Ébats amoureux. (14) Les garçons et leurs nouvelles compagnes se retrouvent. Chacun explique sa méthode de « séduction ». Surprise : le plus « romantique » des frères, Alexandre, a assommé sa belle ! Tobie, un autre des fils d'Édouard, tient à rapporter une concrétion à Père. (15) Une drôle d'odeur : en leur absence, la mère a inventé la cuisson des aliments. Jalousie d'Ernest. Découverte du monde intérieur et des rêves par Ernest. (16) Oswald prépare un plan de chasse. Arrivée de Vania. Premier discours paternel après le repas (bilan sur l'exogamie et les nouvelles technologies). Premiers chants et premières danses. Rapt des filles de la horde par les frères de Griselda, opération qu'elle avait manigancée avec Édouard. (17) Édouard réussit à produire seul un feu. L'incendie. Arche de Noé : les bêtes les suivent pour survivre. Idée du contre-feu. (18) Ernest pense qu'il existe un autre monde après la mort. Conséquence de l'incendie : la horde migre pour trouver du gibier. Discussion père-fils : faut-il partager les découvertes ? Ernest convainc ses frères que non. (19) Migration. Le père, par trois fois, fait allusion à sa propre mort. Griselda commence à suggérer à Ernest la nécessité de tuer le père. (20) Naissance des enfants. Accord du père avec les « métèques » à qui ce nouveau lieu de vie appartient : il leur a livré le feu, contre l'avis de la horde. (21) Griselda pense que Père devient dangereux. Bilan sur l'évolution. Invention de l'arc par Édouard. Le narrateur tue son père avec, puis le mange. Premier discours d'Ernest. Chute du récit : depuis le début, Ernest s'adressait à ses fils. Question finale : qui a créé le monde ?

Roy Lewis
Pourquoi j'ai mangé mon père

PRÉFACE

Lorsque mon vieil ami Théodore Monod, que tout le monde a vu au petit écran traversant le désert (à quatre-vingt-sept ans), géologue, zoologue, ichtyologiste[1], entomologiste[2], anthropologue[3], paléontologiste[4], ethnologue[5], que sais-je encore, membre de l'Institut, bref, quand cet homme de science imposant, m'ayant mis ce livre dans les mains et voulant m'en citer des passages, ne put y parvenir tant il s'étranglait de rire, je regardai, inquiet, ce visage qu'il a austère, même ascétique[6] et me demandai si…

Mais non. Il avait toute sa raison. Du reste, il se reprit bientôt pour me dire : « Je ris, et tu riras, c'est le livre le plus drôle de toutes ces années, mais ce n'en est pas moins l'ouvrage le plus documenté sur l'homme à ses origines. Et si je t'en parle, c'est qu'il est fait pour toi, tu devrais le traduire, il prolonge ton livre *les Animaux dénaturés*, commence où le tien s'achève, et presque sur les mêmes mots. Ce sont tes "Tropis" en action, ces hommes encore à demi singes parvenus au point critique de l'évolution, sur le seuil de l'humain, et s'efforçant de le franchir. Efforts contés ici avec le plus haut comique, mais pathétiques aussi quand on songe au dénuement de ces êtres nus et fragiles,

1. Spécialiste des poissons.
2. Spécialiste des insectes.
3. Qui étudie l'homme.
4. Scientifique qui étudie, d'après des fossiles, les êtres vivants des temps géologiques.
5. Scientifique qui étudie les ethnies (groupes humains).
6. Qui s'est fixé des règles de vie très dures.

face à une nature hostile et sous la griffe d'une foule d'animaux prédateurs. Un maître livre. Tu dois le lire. »

Il dit, je fis ce qu'il me demandait, et m'étranglai de rire autant que lui. À l'étonnement de mon épouse, qui ne m'avait plus vu rire à ce point depuis les temps lointains de Charlot et de Buster Keaton. Mais c'est vrai qu'après tout c'est le même comique, celui des pauvres gens aux prises avec l'adversité et qui la contrebattent comme ils peuvent. Le comique aussi de voir ces ébauches d'hommes, dès leurs premiers pas hors de l'animalité, se partager déjà entre gauche et droite, entre progressistes et réactionnaires, entre ceux qui refusent de subir plus longtemps la tyrannie de la « marâtre nature », se dressent contre elle et inventent l'outil, le feu ; et ceux qui, réprouvant ces nouveautés qui les effraient, proscrivent cette rébellion et veulent à tout prix revenir, au sein de la nature, à la vie bien tranquille des singes arboricoles[1]. Tous personnages, ici, plus chaplinesques les uns que les autres : Édouard, le père à l'esprit fertile, trop fertile pour la quiétude des siens, féru[2] d'hominisation et qui, à regarder son fils Ernest un peu lent à pousser sa mutation, soupire consterné : « Quand je te vois, je doute si nous sommes seulement sortis du miocène[3]... » L'oncle Vania, le vieux réac impénitent, qui déboule régulièrement des arbres pour enjoindre à Édouard, son frère trop inventif, d'y remonter avec la famille avant quelque désastre (sans toutefois refuser,

1. Qui vivent dans les arbres.
2. Passionné.
3. Troisième partie de l'ère tertiaire.

à l'occasion, une côte de phacochère[1] délicieusement grillée sur ce feu qu'il condamne). La mère, Edwige, qui veille à la cuisine et à l'économie : « Si vous ne finissez pas cet éléphant, il va devenir immangeable. » Et combien d'autres personnages pithécoïdes[2] et réjouissants.

L'idée de ce livre, au dire du préfacier de l'édition anglaise, serait venue à Roy Lewis – encore en ce temps-là pas plus écrivain qu'anthropologue –, lors de sa rencontre en Afrique avec Louis Leakey, grand découvreur de crânes d'anthropopithèques[3]. Il lui avait demandé comment traduire certaines gravures rupestres[4] ; et le savant, faute d'un langage approprié, avait *dansé* devant lui son interprétation. Ainsi Lewis avait-il pressenti la richesse comique que pouvait receler la vie de ces êtres hybrides, s'efforçant de passer de l'espèce, encore stupide, de l'*Homo erectus* à celle, encore muette, de l'*Homo faber*[5], puis à celle du *sapiens* ou plutôt, en cet instant, de *faber-sapiens* dont les individus, s'ils savent déjà faire, ne savent pas ce qu'ils font, tel l'industrieux Édouard voulant domestiquer le feu et embrasant toute la forêt – allusion transparente à l'atome et à la bombe d'Hiroshima. Semblant ainsi donner raison à l'oncle Vania et à ses avertissements catastrophiques. Est-ce là aussi la pensée de l'auteur ? Approuverait-il Vania d'avoir vainement voulu un retour à la vie arboricole, à son ignorance inoffensive ?

---

1. Mammifère que l'on trouve en Afrique et qui se rapproche du sanglier.
2. Qui ont une forme de singe.
3. Primates qui tiennent le milieu entre le singe (gr. *pithekos*) et l'homme (gr. *anthropos*).
4. Effectuées sur une roche.
5. Homme qui fabrique.

Il ne se prononce pas. Mais je gage que c'est là encore une forme d'humour ; et je doute fort que son suffrage, avec le mien, n'aille pas à ces hommes fiers d'être des hommes, comme l'infatigable Édouard que ne rebutent ni les échecs ni les revers ni les conséquences désastreuses ; et qui, dès la plus petite découverte, la plus petite conquête sur la nature, s'exclame comme un leitmotiv[1] : « Les possibilités sont prodigieuses ! » À croire qu'il pressent déjà qu'un jour, ajoutées l'une à l'autre, ces possibilités le mèneront sur la Lune.

VERCORS

1. Phrase sans cesse répétée.

1

À présent nous étions sûrs de nous en tirer. Oui, même si elle descendait encore plus au sud, cette grande calotte de glace[1], serait-ce jusqu'en Afrique. Et quand la bourrasque soufflait du nord, nous empilions tout ce que nous avions de broussaille et de troncs brisés, et flambe le bûcher ! Il en ronflait et rugissait.

La grande affaire, c'était de se fournir en combustible. Une bonne arête de silex vous taillera en travers une branche de cèdre de quatre pouces en moins de dix minutes, encore faut-il avoir la branche. Heureusement, les éléphants et les mammouths nous gardaient au chaud : c'était leur bienheureuse habitude d'éprouver la force de leurs trompes et de leurs défenses à déraciner les arbres. Plus encore le vieil *Elephas antiquus* que le modèle récent, parce qu'il trimait dur à évoluer, le pauvre, et rien ne soucie plus un animal en évolution que la façon dont ses dents progressent. Les mammouths, eux, en ces jours-là, se considéraient comme à peu près parfaits. S'ils arrachaient des arbres, c'était quand ils étaient furieux ou voulaient épater les femelles. À la saison des amours, il suffisait de suivre les troupeaux pour se fournir en bois de chauffage. Mais, la saison passée, une pierre bien envoyée derrière le creux de l'oreille faisait souvent l'affaire, pour un bon mois. J'ai même vu ce truc-là réussir avec les grands mastodontes[2], mais après c'était

---

1. Masse de neige et de glace qui recouvre les montagnes.
2. Mammifères fossiles, proches de l'éléphant, de la fin de l'ère tertiaire.

le diable de traîner chez soi un baobab. Oh ! ça brûle bien. Mais ça vous tient à distance de trente mètres. L'excès en tout est un défaut.

Dès que les glaces du Kilimandjaro[1] et du Ruwenzori[2] descendaient au-dessous du niveau des trois mille, nous gardions en vie à demeure une bonne flambée. C'est qu'il faisait frisquet ! Alors les étincelles volaient jusqu'aux étoiles par ces froides nuits d'hiver, le bois sec crépitait, et le bois vert sifflait, et notre feu était un vrai fanal[3] pour toute la vallée de la Crevasse.

Quand la terre en était à geler ou presque, ou bien quand une pluie frissonnante et sans fin faisait craquer dans la douleur nos articulations, c'était alors que nous voyions arriver l'oncle Vania. À la faveur d'une accalmie dans la rumeur constante de la jungle, sa venue s'annonçait d'abord par un effervescent frou-frou à la cime des arbres, ponctué de craquements sinistres, ceux des branches surchargées, accompagné de jurons en sourdine, et parfois, quand l'oncle tombait pour de bon, d'une clameur rageuse affranchie de toute inhibition[4].

Enfin, dans la lumière du feu, sa silhouette massive apparaissait en chaloupant sur les jambes trop courtes. Ses deux longs bras frôlaient le sol, sa tête était enfoncée dans ses épaules épaisses et velues, ses yeux étaient injectés de sang, et il retroussait ses lèvres dans un effort constant pour bien dégager les

1. Volcan d'Afrique orientale.
2. Massif montagneux d'Afrique orientale.
3. Grosse lanterne qui peut servir de signal.
4. Sans retenue.

canines. Quand j'étais petit garçon, son expression me terrifiait. En fait, elle ressemblait plutôt au sourire figé de l'homme qui s'ennuie à mort dans un pique-nique. Et plus tard, derrière ses manières excentriques – dont il était, au vrai, la première victime –, je découvris un être plein de gentillesse, toujours prêt à récompenser d'une figue ou de fraises sauvages le gosse auquel il se flattait d'en avoir imposé avec son apparence féroce.

Mais quel bavard ! Et quel disputailleur !

À peine d'abord s'il nous saluait, hochait la tête pour tante Laure. Il étendait vers la flambée ses pauvres mains bleuies de froid, et sans attendre passait à l'attaque. C'était à père qu'il s'en prenait, tête baissée, comme un rhinocéros, dont son index accusateur aurait pu figurer la corne. Père le laissait charger, dans un torrent d'accusations pleines de rancunes. Puis, quand l'oncle un peu apaisé avait mangé deux ou trois œufs d'æpyornis[1] et quelques caroubes[2], père se lançait dans la bagarre. Il démolissait joyeusement les arguments de l'oncle Vania, ou au contraire le laissait bouche bée en reprenant allégrement à son compte quelques-unes de ces énormités.

Au fond, j'en suis certain, ils étaient profondément attachés l'un à l'autre. Même s'ils avaient passé toute leur vie en violentes discordes. Comment eût-il pu en être autrement ? Ils étaient tous les deux d'honnêtes pithécanthropes[3] aux principes inébranlables ; ils vivaient strictement en accord avec leurs

---

1. Oiseau.
2. Fruits du caroubier.
3. Ancêtres de l'*Homo sapiens* (du grec *pithekos*, « singe » et *anthropos*, « homme »).

croyances. Mais ces principes s'opposaient, absolument, sur tous les points. Chacun suivait sa propre voie, persuadé que l'autre commettait une tragique erreur sur la direction que devait prendre, pour évoluer, l'espèce anthropoïde[1]. Néanmoins leurs rapports personnels, s'ils ne souffraient d'aucune entrave, n'en subissaient non plus aucun dommage. Ils se disputaient, criaient, hurlaient, mais n'en venaient jamais aux mains. Et quoique en général l'oncle Vania nous quittât fou de rage, il ne restait jamais longtemps sans revenir.

La première dispute dont je me souvienne, entre ces frères si différents d'aspect et de comportement, s'était produite à propos du feu. Il faisait froid. J'étais accroupi à distance respectueuse de cette chose tortillante et rouge, toute nouvelle pour nous. Elle me semblait meurtrie mais furieusement vorace, et je regardais père l'alimenter avec une nonchalance splendide, mais circonspecte[2]. Les femmes, assises toutes en tas, s'épouillaient mutuellement en jacassant. Ma mère, comme toujours, était un peu à l'écart. Elle mâchait la bouillie pour les bébés sevrés, et regardait père et son feu d'un air de sombre méditation. Et tout d'un coup l'oncle Vania fut parmi nous, silhouette énorme et menaçante. Il parlait d'une voix d'outre-tombe.

– T'y voilà donc, Édouard ! grondait-il. J'aurais dû le deviner, que tôt ou tard nous en viendrions là. J'espérais, il faut croire, qu'il y aurait une limite à tes folies. Imbécile que j'étais :

1. Qui a forme humaine.
2. Prudente.

je n'ai qu'à tourner le dos une minute, pour te retrouver jusqu'au cou dans quelque ineptie[1] nouvelle. *Et maintenant, cela !* cria-t-il. Édouard, écoute-moi bien. Ne t'ai-je pas mille fois averti, adjuré, supplié, en qualité de frère aîné, de t'arrêter à temps sur ta lancée calamiteuse, de réfléchir, de t'amender[2], et de changer de vie avant qu'elle ne t'amène tout droit, avec toute ta famille, vers un désastre irréversible ! Cette fois, c'est avec une insistance dix fois multipliée que je te crie : Arrête ! Arrête, Édouard, arrête avant qu'il soit trop tard, si même il est encore temps, arrête...

Oncle Vania reprit haleine pour pouvoir terminer son discours pathétique mais un peu difficile à mener à bonne fin, et père put placer son mot :

– Tiens, Vania, il y a une éternité que nous ne t'avions vu. Allons, vieux, viens te chauffer un peu. Où donc as-tu été pendant tout ce temps-là ?

Oncle Vania eut un geste d'impatience.

– Pas loin, enfin pas tant que ça. Si je dépends, pour la plus grande part de mon ordinaire, mais non exclusivement, Édouard, non exclusivement, de légumes et de fruits ; et si la saison a été médiocre...

– Oui, dit père d'une voix compatissante, ça m'a tout l'air comme si nous allions avoir de nouveau une interpluviale. La sécheresse s'étend, pas de doute.

---

1. Idiotie.
2. Améliorer.

– On trouve dans la forêt, dit oncle Vania irrité, abondance de nourriture si l'on sait où la chercher. C'est seulement question de régime, on n'est jamais trop prudent à mon âge. En primate raisonnable, j'ai donc été voir un peu plus loin si je ne trouverais pas des aliments conformes à mon état. Au Congo, pour tout dire. Il y a dans ce coin abondance de tout, pour tout le monde. Sans qu'il faille prétendre, dit-il avec une ironie grinçante, qu'on a les dents d'un léopard, l'estomac d'une autruche et les goûts d'un chacal, Édouard !

– Tu vas fort, Vania, protesta père.

– Je suis rentré hier, dit oncle Vania. Et je t'aurais de toute façon rendu visite un de ces jours. Mais j'ai compris tout de suite, quand la nuit est tombée, qu'il se passait, qu'il se tramait quelque manigance. Je connais onze volcans dans ce département, Édouard. Mais douze ! J'ai flairé, j'ai pressenti que tu n'y étais pas pour rien. Angoissé, je m'élance, je cours, espérant encore contre toute espérance, j'arrive et que vois-je... ? Ma parole, il te faut à présent ton volcan particulier ! Ah ! cette fois, Édouard, t'y voici !

Père souriait facétieusement.

– Tu crois que m'y voici vraiment, Vania ? demanda-t-il. Je veux dire : que j'ai vraiment atteint le seuil ? Oui, je me disais bien que ce pourrait l'être, mais comment en être tout à fait sûr... *Un* seuil, oui, sans doute, dans l'ascension de l'homme ; mais *le* seuil, est-ce que c'est bien ça ?

Père plissait comiquement les yeux, comme s'il était en proie à la plus vive angoisse. Nous lui voyions souvent prendre cette expression.

– Un seuil ou le seuil, je n'en sais rien, dit oncle Vania, et j'ignore ce que tu crois être en train d'accomplir, Édouard. De te pousser du col, ça, sûrement. Mais je te dis, moi, que tu viens de faire ici la chose la plus perverse, la plus dénaturée…

Mais père l'interrompit.

– Tu as bien dit « dénaturée » ? s'écria-t-il avec enthousiasme. Vois-tu, mon vieux Vania, depuis un bon bout de temps que nous nous sommes mis aux outils de silex, on pouvait dire qu'il y avait, dans la vie subhumaine, un élément non naturel, artificiel. Et peut-être que c'était ça, le seuil, le pas *décisif*. Et peut-être que maintenant, nous ne faisons plus que progresser. Seulement voilà : toi aussi tu tailles le silex, tu te sers de coups-de-poing[1]. Alors pourquoi m'accuses-tu ?

– Encore ! dit oncle Vania. Nous avons déjà discuté mille fois de cette question. Je t'ai déjà dit mille fois que, si l'on reste dans des limites raisonnables, les outils, les coups-de-poing ne transgressent pas vraiment la nature. Les araignées se servent d'un filet pour capturer leur proie ; les oiseaux font des nids mieux construits que les nôtres ; et j'ai vu, il n'y a pas longtemps, une troupe de gorilles battre comme plâtre une paire d'éléphants – oui, tu m'entends, des éléphants ! – avec des triques. Je suis prêt à admettre, tu vois, qu'il est licite[2] de tailler

1. Armes de silex, synonymes de bifaces.
2. Permis, autorisé.

des cailloux, car c'est rester dans les voies de la nature. Pourvu, toutefois, qu'on ne se mette pas à en dépendre trop : la pierre taillée pour l'homme, non l'homme pour la pierre taillée[1] ! Et qu'on ne veuille pas non plus les affiner plus qu'il n'est nécessaire. Je suis un libéral, Édouard, et j'ai le cœur à gauche. Jusque-là, je peux accepter. Mais ça, Édouard, ça ! Cette chose-là ! dit-il en montrant le feu, ça, c'est tout différent, et personne ne sait où ça pourra finir. Et ça ne concerne pas que toi, Édouard, mais tout le monde ! Ça me concerne, moi ! Car tu pourrais brûler toute la forêt avec une chose pareille et qu'est-ce que je deviendrais ?

– Oh ! dit père, je ne crois pas que nous en viendrons là !

– Tu ne crois pas, vraiment ! s'exclama l'oncle. Ma parole, peut-on te demander, Édouard, si tu possèdes seulement la maîtrise de cette... chose ?

– Euh... eh bien, plus ou moins, sûrement. Oui, c'est ça, plus ou moins.

– Comment ça, plus ou moins ! Tu l'as ou tu ne l'as pas, réponds, ne fais pas l'anguille : peux-tu l'éteindre, par exemple ?

– Oh ! ça s'éteint tout seul, suffit de ne pas le nourrir ! dit père sur la défensive.

– Édouard ! dit oncle Vania. Une fois de plus je te préviens : tu as commencé là un processus que tu n'es pas sûr d'être en mesure d'arrêter. Ça s'arrêtera tout seul si tu ne le nourris pas,

1. Référence à l'Évangile de Marc, chap. 2, 23-27.

dis-tu ? Et s'il lui prenait la fantaisie de se nourrir tout seul, qu'est-ce que tu ferais ? Tu n'y as pas pensé ?

– Ça n'est pas arrivé, dit père avec humeur, pas encore. Le fait est qu'au contraire ça me prend un temps fou à garder en vie, surtout par nuits humides.

– Alors cesse de le garder en vie plus longtemps, laisse-le mourir ! dit oncle Vania. Je te le conseille gravement, sérieusement. Cesse, avant d'avoir provoqué une réaction en chaîne. Cela fait combien de temps déjà que tu joues ainsi avec le feu ?

– Oh, j'ai découvert le truc il y a plus d'un mois, dit père. Vania, tu ne te rends pas compte, c'est un truc fascinant. Absolument fascinant. Avec des possibilités prodigieuses ! Ne serait-ce que le chauffage, ce serait déjà un grand pas, mais il y a tellement d'autres choses ! Je commence seulement d'en faire une étude sérieuse. C'est pharamineux. Tiens, prends la fumée, tout simplement : crois-le ou non, cela asphyxie les mouches et chasse les moustiques. Oh, bien sûr, c'est une matière difficile que le feu, et d'un maniement délicat. De plus, ça bouffe comme un ogre. Plutôt méchant, avec ça : à la moindre inattention, cela vous pique comme le diable. Mais c'est, vois-tu, vraiment quelque chose de neuf. Qui ouvre des perspectives sans fin et de véritables.

Un hurlement l'interrompit. Oncle Vania dansait, il sautillait sur un seul pied. J'avais bien remarqué, avec beaucoup d'intérêt, que depuis un moment il se tenait debout sur une braise ardente. Trop excité par la dispute pour s'en apercevoir, il n'avait remarqué ni l'odeur ni le sifflement. Mais à présent la braise avait mordu tout à travers le cuir épais de son talon.

– Yah ! rugit oncle Vania. Ça m'a mordu ! Ouillouille ! Toi, Édouard, imbécile, ne te l'avais-je pas dit ? Vous y passerez tous, elle vous mangera tous, ta stupide trouvaille ! Ah ! vous voulez danser sur un volcan vivant ! Édouard, j'en ai fini avec toi ! Ta saloperie de feu va vous éteindre tous, toi et ton espèce, et en un rien de temps, crois-moi ! Yah ! Je remonte sur mon arbre, cette fois tu as passé les bornes, Édouard, et rappelle-toi, le brontosaure[1] aussi avait passé les bornes, où est-il à présent ? Adieu. *Back to the trees !* clama-t-il en cri de ralliement. Retour aux arbres !

1. Reptile fossile de l'ère secondaire, dinosaure de taille gigantesque.

2

Malgré ce qu'il avait dit, oncle Vania revint nombre de fois répéter ses exhortations contre le feu – quoique de préférence, je le remarquai, par les soirées froides ou pluvieuses. Pendant ce temps, notre maîtrise du feu progressait, mais cela ne l'apaisait pas. Nous lui montrâmes, sous la surveillance de père, comment on pouvait couper un brasier en morceaux, telle une anguille, pour en faire plusieurs ; comment on pouvait le porter au bout d'une branche sèche ; comment enfin on pouvait l'étouffer. Oncle Vania condamnait ces expériences et reniflait plein de mépris. Il était fermement opposé à ce que la physique s'ajoutât à la botanique et à la zoologie dans notre programme d'études.

Mais nous autres, nous nous enflammions de plus en plus (si j'ose dire) pour cette nouveauté. Les femmes, au début, avaient mis longtemps à savoir s'écarter quand elles se brûlaient. Et, pendant quelque temps, ce fut à se demander si la plus jeune génération y survivrait. Mais père considérait qu'on n'apprend qu'avec l'expérience. « Enfant brûlé craint la flamme », disait-il quand un bébé hurlait après avoir tenté de saisir un de ces scarabées écarlates. Et il avait raison.

Car c'étaient, à tout prendre, des accidents infimes, à les mettre en balance avec les bénéfices. Notre niveau de vie s'était élevé d'un coup à dépasser toute imagination. Avant d'avoir du feu, nous étions des minables. Certes, nous étions descendus des arbres, nous avions le biface[1] et le coup-de-poing. Mais quoi de plus ? Et toute griffe, toute dent, toute corne dans la nature semblait nous être ennemie. Nous voulions nous considérer comme animaux du sol, mais il nous fallait regrimper dare-dare sur un arbre dès que nous nous trouvions dans le moindre pétrin. Nous devions toujours, dans une grande mesure, vivre de légumineuses[2], de baies ou de racines ; et, pour arrondir notre ration de protéines, nous étions bien contents d'une larve ou d'une chenille. Et quoique pour soutenir notre croissance physique nous eussions désespérément besoin d'aliments énergétiques, nous souffrions toujours d'une pénurie chronique[3] à cet égard. C'était pourtant cela qui nous avait fait quitter la forêt pour la plaine : on y trouvait abondance de viande. L'ennui, c'était qu'elle était toute sur quatre pattes. Et d'essayer de chasser la viande sur quatre pattes (bisons, buffles, impalas[4], oryx[5], gnous[6], bubales[7], gazelles, pour ne mentionner que quelques mets dont nous aurions aimé faire notre ordinaire), quand on essaie de se tenir soi-même difficilement sur deux, c'est littéralement un jeu d'andouilles. Or nous étions bien obligés de nous mettre debout, pour regarder par-dessus l'herbe haute de la savane. Parfois on surprenait un grand ongulé[8], un zèbre ou un

1. Arme de silex, synonyme de coup-de-poing.
2. Famille de plantes.
3. Manque qui revient régulièrement.
4. Petites antilopes d'Afrique.
5. Espèce de gazelle.
6. Mammifères herbivores que l'on trouve dans le Sud-Est de l'Afrique.
7. Grandes antilopes d'Afrique.
8. Qui possède des ongles, des sabots...

cheval, mais qu'en pouvait-on faire ? Cela vous donnait des coups de pied. Ou bien on parvenait à mettre aux abois une bête boiteuse, mais elle vous présentait ses cornes, et il fallait une horde de pithécanthropes pour la lapider[1] à mort.

Moyennant une horde, oui, on arrive à forcer le gibier, à l'encercler. Seulement voilà : si vous voulez garder une horde assemblée, il vous faut la nourrir, ce qui suppose un approvisionnement considérable. C'est là le plus ancien cercle vicieux en matière d'économie. Une équipe de chasseurs est nécessaire pour obtenir le moindre tableau[2] décent. Mais pour obtenir l'équipe il faut pouvoir lui assurer un tableau régulier. Tant que ça reste irrégulier, vous n'arrivez pas à tenir ensemble un groupe qui dépasse trois ou quatre. Vous voyez le problème.

Il avait donc fallu commencer tout en bas de l'échelle, et s'escrimer dur pour grimper. S'attaquer d'abord aux lapins, hyrax[3], et autres petits rongeurs que l'on pouvait abattre avec une pierre. Courir après une tortue, voire une tortue de mer (ça, ça pouvait aller), et quant aux serpents, aux lézards, si l'on étudiait leurs coutumes avec assez d'assiduité, on finissait par en attraper. Pas de difficulté ensuite, une fois tué, pour découper ce petit gibier avec un biface de silex. Et, bien que les meilleurs morceaux ne soient pas faciles à déchirer ni à manger quand on n'a qu'une dentition d'herbivore, on peut auparavant les dépecer et les émietter avec des pierres, et finir de les mastiquer tant

---

1. Frapper avec des pierres.
2. Résultat d'une chasse.
3. Mammifère à fourrure de petite taille.

bien que mal avec ces molaires qui n'étaient destinées à l'origine qu'à écraser des fruits. Les morceaux de choix de tous ces animaux, c'étaient les parties molles : non qu'elles fussent très ragoûtantes. Mais quand vous avez passé la journée à courir affamé sur vos pattes de derrière, et si vous voulez nourrir votre cerveau, vous ne faites pas le délicat. Ces morceaux-là étaient l'objet de grandes compétitions. Et nous avions un goût particulier pour tous les animaux spongieux[1], qui soulageaient nos dents et nos estomacs.

C'était encore ainsi il n'y a pas longtemps ; pourtant je me demande combien de gens s'en souviennent aujourd'hui. Combien se rappellent ces indigestions qui nous torturaient jadis. Et même combien y succombaient. Et cette mauvaise humeur des premiers pionniers subhumains, constamment aigris par ces dérangements gastriques ! Allez donc arborer un visage ensoleillé quand vous souffrez d'une colite[2] chronique ! Car qu'on n'aille pas croire que de quitter un régime purement végétarien (et même composé essentiellement de fruits) pour devenir omnivore, ce soit une opération aisée ! Non, cela demande au contraire une patience et une obstination énormes. Garder dans l'estomac des choses qui vous dégoûtent, et de plus qui vous rendent malade, cela exige une discipline de fer. Seule une ambition farouche d'améliorer votre situation dans la nature pourra vous soutenir dans une telle transition. Non que vous ne tombiez de

1. Pareils à l'éponge.
2. Douleur abdominale.

temps en temps, je ne le nie pas, sur quelque friandise ; mais toute la vie n'est pas ris de veau et limaces. Dès le moment que vous prenez pour but de devenir omnivore, il faut, comme le mot l'indique, apprendre à manger de *tout.* De plus, quand ce que vous avez – ce qui est de règle –, c'est de la vache enragée, vous ne pourrez vous permettre d'en rien laisser dans votre assiette. Comme petit enfant, on m'a encore élevé strictement selon ces principes. Oser dire à maman qu'on ne voulait pas de ceci ou de cela, de la fourmi pilée, du crapaud mariné, c'était vouloir s'attirer une bonne baffe. « Finis-le, c'est bon pour ta santé », voilà la rengaine de toute mon enfance. Et c'était vrai, bien entendu : car la nature, en merveilleuse adaptatrice, finissait par durcir nos petits intestins et par leur faire digérer l'indigeste.

Devenir carnivore est beaucoup plus pénible que de l'être de naissance, car n'oubliez pas que les félins, les loups, les chiens, les crocodiles déchirent seulement leur viande en morceaux et l'avalent tout rond, sans se soucier si c'est de l'épaule, du rumsteck, des tripes ou du foie ; tandis que nous, nous ne pouvions rien engloutir sans l'avoir longuement mastiqué. « Mâche trente-deux fois avant d'avaler », encore une maxime de mon enfance, sinon c'était un bon mal de ventre, aussi sûr que deux et deux font quatre. Quelque répugnant qu'en fût le goût, la langue et le palais devaient donc l'explorer à fond, et il n'y avait qu'une sauce à tout cela : notre appétit. Mais cette sauce-là, nous n'en manquions jamais.

Aussi guignions[1]-nous avec envie les énormes ripailles[2] de viande que les lions et les dents-de-sabre[3] assommaient pour un oui pour un non, avec un gaspillage inouï : ils n'en dévoraient pas même un quart, et le reste était laissé aux chacals, aux vautours. Il s'ensuivait que notre premier souci, c'était de nous trouver, autant que possible, dans les parages quand le lion prenait son dîner. Et, dès qu'il avait fini, de nous précipiter sur les reliefs[4]. Il y avait de la concurrence, et il fallait souvent batailler dur avec les charognards ; mais avec eux du moins nous étions à égalité, grâce à nos coups-de-poing, nos pierres en visant bien, nos bâtons pointus. Un excellent moyen pour s'assurer un bon repas, c'était de surveiller les vautours et leur faire la course jusqu'au but. Évidemment, l'inconvénient du nécrophage[5], c'est qu'il doit se tenir à proximité du tueur. Et cela impliquait le risque de lui fournir soi-même son repas.

Risque considérable. Le chacal et l'hyène peuvent courir, le vautour peut voler. Tandis que votre pauvre singe nu à peine descendu des arbres, il ne galopait pas bien vite dans les plaines. Nombreux étaient donc ceux qui se limitaient au petit gibier, tout vilain qu'il fût souvent, n'ayant que peu de goût pour cette vie dangereuse. Mais ils menaient ensemble une vie de clocher, c'était peu stimulant. Tandis que d'autres, plus entreprenants, préféraient vivre dangereusement et être bien nourris, et ceux-

1. Regardions avec convoitise.
2. Festins.
3. Félins possédant d'énormes dents en forme de sabre.
4. Restes de nourriture.
5. Qui mange les morts.

là suivaient les grands fauves pour se mettre à table après eux. Ils prétendaient d'ailleurs que les félins, de toute manière, auraient mangé de la viande de primate[1], ne serait-ce que pour changer de menu. Ainsi, en se tenant près du chasseur, on n'accroissait pas outre mesure, selon eux, le risque d'être chassé soi-même ; en revanche on pouvait en apprendre long sur leurs habitudes, ce qui, en cas de besoin, facilitait les mesures évasives. Du moins alors, s'il fallait prendre la poudre d'escampette[2], se trouvait-on en forme et bien nourri.

L'essentiel, c'est de savoir quand le lion est affamé ou non. Avec assez d'attention sur ce point, on peut réduire de moitié le nombre des accidents. On a dit, je l'ai entendu, que c'est en chassant avec le lion qu'on lui aurait donné du goût pour nos personnes. Cette opinion, les chasseurs des premiers âges l'ont toujours contestée. C'était d'ailleurs les offenser que d'insinuer qu'ils n'auraient vécu qu'en parasites sur les carnivores supérieurs. Il faut reconnaître, il me semble, que nombre de choses qu'ils ont apprises avec les carnassiers seront d'utilité durable pour toute l'humanité.

Quel que fût ce profit, toujours est-il que nous n'étions pas de taille à nous mesurer avec les grands félins. Ils faisaient la loi, tenaient le haut du pavé, et nous n'osions pas nous mettre en travers de leur route. D'une dent ferme ils limitaient notre croissance démographique, et c'était sans remède, hors celui de remonter dans les arbres, autrement dit d'abandonner toute

1. Mammifère au cerveau développé comme le singe ou l'homme.
2. S'enfuir.

l'aventure comme une affaire mal engagée. C'était ce que père ne voulait admettre pour rien au monde, à l'encontre des gens tels que l'oncle Vania. « Nous avons, disait-il, une grande cervelle, un grand crâne pour la contenir, nous devons continuer de lui faire confiance, et quelque chose, un jour, surviendra qui rétablira nos chances. » « En attendant, ce qu'il nous faut, disait-il, c'est une aussi bonne paire de jambes que possible. » « Avec de l'entraînement il n'y a pas de raison, disait-il encore, pour qu'un pithécanthrope ne coure pas le cent mètres en dix secondes deux dixièmes, ne saute pas un buisson de deux mètres dix de haut, ou, moyennant une perche, de cinq mètres soixante-quinze. » Avec, en plus, de bons biceps pour se balancer d'une branche à l'autre, cela devait nous éviter les ennuis neuf fois sur dix. Je l'ai vu plus d'une fois lui-même en donner la preuve.

Mais ça n'empêchait pas, en attendant, que la tribu féline fût la classe dominante, avec tous les inconvénients que cela comportait. L'un de ceux-ci, c'était l'habitat. Toute femme de pithécanthrope veut avoir un chez-soi convenable, un foyer pour élever sa famille, bien chaud et, avant tout, bien sec. En un mot : une caverne. Pas d'autre solution au problème de l'enfance prolongée, de l'extension progressive du processus éducatif au-delà du premier âge, trait caractéristique de notre espèce. Là-haut, dans la fourche d'un arbre, on est à peu près en sécurité, d'accord. Mais il vous faut dormir suspendu et à califourchon, et tout homme qui a dû le faire, même par ces temps éclairés, au moins une fois dans sa vie, sait à quel point c'est peu confortable. Les chimpanzés eux-mêmes en font des cauchemars, rêvent comme nous qu'ils dégringolent et, quand ils se réveillent, s'aperçoivent qu'ils sont réellement par terre. C'est pire encore pour une femelle, puisqu'elle doit rester accrochée à toute sa progéniture. Or, comme les femmes aujourd'hui renoncent de plus en plus à faire pousser des poils sur la poitrine, et comme de leur côté les enfants perdent, à un âge de plus en plus tendre, leurs réactions de préhension[1] héréditaires, cela devient presque impossible.

Il y a bien les nids au ras du sol. Méthode d'ailleurs très répandue, soit par instinct, soit par imitation des oiseaux. En quelques heures on vous fera un petit nid coquet avec des palmes et des bambous ; si l'on a plus de temps on peut construire une hutte de branchages imposante. Mais, si l'on peut s'y dégourdir les jambes pendant la nuit, elle n'écarte ni les grosses averses ni le plus léger léopard. Et si soigneusement qu'elle soit cachée et camouflée, quand les choses se gâtent, un soir on risque d'attraper un rhumatisme, et le lendemain de perdre le fiston.

C'est pourquoi toute femme-singe désire une caverne, seraitce une petite caverne, mais avec un toit sur la tête, un bon roc dans son dos, et une fente étroite où elle puisse s'ancrer et protéger ses louveteaux avec quelque chance de succès. Elle peut

---

1. Action de prendre.

même alors barrer la porte avec un arbre déraciné. Et qui l'empêcherait de ménager à l'intérieur une niche haut placée, où elle puisse remiser bébé ou dont elle puisse se servir, à l'occasion, de garde-manger ?

L'ennui, c'est que les bêtes ne sont pas plus bêtes que nous sur ce point, les ours aussi bien que les lions et les dents-de-sabre, qu'on appelle machérodes[1] ; aussi n'avait-on jamais pu régler la crise du logement. Bien des cavernes eussent été assez grandes pour abriter plusieurs familles, mais question domicile personne n'est partageux, sauf peut-être les serpents. Pratiquement, si un félin habitait la grotte, nous trouvions en général qu'il valait mieux la lui laisser ; et si, l'occupant nous-mêmes, il voulait emménager, qu'il valait mieux plier bagage. Mais cela n'empêchait pas les femmes de récriminer[2].

La moitié de leurs conversations tournaient toujours autour des cavernes : des *ravissantes* petites grottes qu'elles avaient eues – jusqu'à ce que leur mâle eût permis à quelque grande brute d'ours de les expulser ; des *merveilleuses* cavernes bien sèches et spacieuses qu'elles avaient vues, dans un très bon quartier, et qu'on *pourrait* très bien avoir, si l'on montrait la *moindre* compréhension du point de vue d'une femme : il suffirait de faire déménager une *toute petite* bande de léopards, qui trouveraient autant de grottes qu'ils en voudraient à quelques kilomètres de là ; ou de celles que l'on pourrait trouver, sans léopards du tout,

1. Synonyme de dents-de-sabre ; voir note 3, page 34.
2. Se plaindre.

si *seulement* on se mettait à chercher tant soit peu, au lieu de tailler la pierre toute la journée ; et du *misérable* trou qu'elles avaient en fait, pas même un trou, un simple abri rocheux, où la pluie entrait fouettée par le vent, et tenez, écoutez-moi seulement la toux *épouvantable* de ce pauvre enfant.

Et c'était vrai que bien souvent la nuit nous avions froid autant que faim. Et peur aussi, quand dans le noir nous entendions soudain le grondement d'un lion qui faisait lever du gibier, ou l'aboiement des chiens sauvages sur la piste. On dressait les oreilles, on écoutait l'ennemi se rapprocher, on se blottissait tous ensemble contre la roche, et bien entendu un filet d'eau glaciale se mettait à ruisseler inexplicablement, les femmes tenaient les enfants, les mâles empoignaient leurs triques, même les garçons saisissaient des pierres à lancer. La chasse approchait encore, et puis le hurlement soudain d'une bête terrassée vous rassurait pour une heure : ce n'était pas encore votre tour. Après un court sommeil inquiet, la chasse reprenait. Et l'on voyait s'approcher, passer, puis revenir, une paire d'yeux luisants, ah ! ils étaient maintenant tout contre la maigre frise de pieux pointus qui défendait notre tanière, et qui nous donnait une seconde ou deux pour lancer des pierres ou piquer du bâton ! Alors la sombre masse s'abattait sur nous comme un énorme projectile, les yeux flambants, la gueule béante, le grondement atteignait un volume triomphal, et nous nous élancions à tour de rôle avec un hurlement de défi. Et c'était la mêlée : triques tournoyantes, pierres volantes, les mâchoires claquaient et les pattes aux lames de rasoir étincelaient et lacéraient les cuisses nues, les ventres sans défense. Et soudain plus personne, le maraudeur[1] n'était plus là, nous étions saignants, meurtris – et l'un des petits manquait.

Dans ce combat de l'intelligence contre le muscle strié et la griffe rétractile, parfois nous l'emportions, même dans une attaque frontale. D'autres fois nous restions perchés sur une corniche inaccessible (et confortable en proportion...) et l'assaillant furieux et bafoué recevait à la tête tout le vocabulaire de nos injures. Ou bien un rocher bien placé le renvoyait avec une bonne migraine. Un jour, je me souviens, nous avons tué et dévoré sur place un machérode en vadrouille, qui avait perdu ses dents de sabre sur quelqu'un d'autre, et s'était figuré que nous serions une viande plus facile. Mais je me souviens surtout de nuits interminables dans une position mal défendue, avec les rugissements tout à l'entour, et puis les yeux brillants, et puis l'attaque.

Peu à peu, le nombre des hommes diminuait, tués sur le coup ou mourant de leurs blessures ; et nous, les gosses, devions tenir la première ligne. Et voilà qu'un beau soir, père à son tour n'était plus là.

La nuit précédente, il y avait encore eu bataille, et au matin père avait contemplé la scène du carnage. Son visage, creusé de chagrin, était gris de fatigue. Il s'était retourné, et nous le vîmes partir vers la forêt à grandes enjambées. Il avait dit seulement : « À ce soir. J'ai à faire. » Mère avait soupiré, elle continuait de

1. Voleur.

panser l'horrible entaille dans l'épaule de mon frère, avec des feuilles et de la peau de serpent séchée, qu'elle conservait pour les cas d'urgence. Cette fois-là, nous avions perdu Pepita, ma sœur cadette.

Mais, à la nuit, père n'était pas rentré. C'était la première fois : toujours au crépuscule il veillait au bon état de la palissade, insistait pour que chacun mangeât quelque chose, ne fût-ce qu'une racine ou des baies, inspectait nos épieux[1] et nos coups-de-poing. Aussi savions-nous, hélas, ce que signifiait son absence : quelque différend avec un mammouth ou un crocodile. Alors, las jusqu'au cœur, nous avions préparé toutes choses comme il nous l'avait recommandé. Enfin un croissant de lune se leva parmi les étoiles, et nous sûmes qu'il y aurait encore du grabuge cette nuit-là.

Ils vinrent et nous fixèrent de leurs yeux brûlants. Ils rôdèrent, revinrent et passèrent. Et dirent à la lune qu'ils avaient faim et qu'ils devaient manger. Et s'en furent, et chassèrent. Et revinrent vers nous. Et nous fixèrent de leurs yeux brûlants.

C'est alors que je vis venir, d'assez loin, une bête borgne inconnue. Dans l'état où j'étais entre la veille et le sommeil, je croyais voir, fonçant vers nous inexorablement, un gigantesque lézard, avec au milieu du front un œil comme un volcan, un léviathan[2] blindé qui nous avalerait tous de la façon la plus cordiale, et ainsi allait mettre un terme à ce supplice insupportable.

---

1. Pics en bois.
2. Monstre mythique.

La bête approchait toujours, toujours plus grande, plus lumineuse, décidée à nous engloutir avant que les lions ou léopards n'eussent choisi les meilleurs morceaux, ou que les loups plus affamés encore ne les eussent peut-être devancés. Alors, au moment même que toutes les dents de la jungle semblaient converger vers notre palissade, l'étrange animal bondit, atterrit soudain parmi nous, petit et souple, et brun et bipède, faisant un rouge accroc dans la noirceur du ciel. Et c'était père, dressant très haut la main. Et dans la main, captif au bout d'un bâton, et flambant et fumant de menaces, et repoussant la jungle bien au-delà du saut du lion, il y avait le feu.

3

Dès le lendemain matin, père conduisit son peuple (ce qui ne faisait qu'une maigre procession) hors de cette corniche ensanglantée, vers la plus belle caverne de toute la région. Elle nous faisait envie depuis longtemps, c'était la Terre promise, avec son beau portique ogival[1], de cinq mètres de large et près de sept de haut, que protégeait un élégant auvent rocheux, d'une patine délicate, et d'où pendillait un rideau de bougainvilliers. Sur le devant une large terrasse, bien orientée vers le midi, pouvait indifféremment servir de loggia[2] ou de salle à manger. À l'intérieur, un living-room spacieux et de belles proportions, au plafond voûté, était flanqué d'alcôves et d'autres cavernes plus petites, qui feraient très bien l'affaire pour les enfants. En arrière un couloir menait jusque dans les entrailles de la colline. L'ensemble était à l'ombre des cèdres, parmi lesquels coulait l'eau potable, utilisable aussi pour la douche et le tout-à-l'égout.

– Enfin nos filles auront un peu de vie privée, dit mère.

Père contemplait les voûtes.

– Cela donne du champ pour un futur développement physique, remarqua-t-il. Quelques chauves-souris. Mais nous aurons tôt fait de les chasser. L'odeur est forte, mais nutritive et pas désagréable. Il y a une bonne cave. Je crois vraiment, ma chérie, que nous y serons très confortables.

---

1. Entrée en forme d'arc brisé (ogive) caractéristique du style gothique.
2. Grand balcon.

La caverne était occupée. Depuis longtemps huit ou dix ours et oursons y vivaient en famille. À présent, ils nous regardaient venir à eux, complètement médusés[1]. À peine s'ils pouvaient en croire leurs yeux, de nous voir leur apporter nous-mêmes leur déjeuner à domicile. Puis père, tout d'un coup, jeta des brandons enflammés.

Un instant plus tard, ils dégringolaient tous hors de la grotte, poussant des cris aigus de rage stupéfaite. Leur toison dégageait une puissante odeur de brûlé. Leur chef, connu pour une des plus sales brutes du voisinage, s'élança vers nous férocement. Mais nous lui opposions un front bien défendu, coup-de-poing dans une main et brandon dans l'autre, et devant la fumée qui ondoyait, menaçante, sur notre ligne de bataille, maître Martin s'arrêta net. Les autres demeuraient stupides, de voir ainsi leur champion hésiter et grogner, au lieu de se jeter sur nous. Puis, jaillissant de notre petite phalange[2], et laissant derrière lui un sillage fuligineux[3], un autre missile enflammé le toucha droit entre les deux yeux, mettant le feu à ses sourcils. Cela régla la question. Gémissant, tripotant son museau et versant des larmes d'humiliation, Martin se retira avec ses troupes.

– Victoire ! criâmes-nous, fous de joie, et nous pouvions à peine y croire. On les a eus !

– Bien sûr, on les a eus, dit père. Et retenez la leçon : à savoir que la nature n'est pas nécessairement du côté des gros

---

1. Stupéfaits.
2. Formation de combat.
3. Dont l'apparence ressemble à celle, obscure, de la suie.

bataillons. La nature est avec l'espèce qui possède sur les autres une avance technologique. Pour le moment, c'est nous.

Il nous fixa d'un œil sévère.

– J'ai dit : pour le moment. Quelles que soient nos réussites, ne les laissez jamais vous monter à la tête. Nous avons encore beaucoup de chemin à faire – beaucoup, beaucoup de chemin... Pour le moment, prenons possession dans les règles de cette séduisante habitation.

Donc nous emménageâmes, et trouvâmes en effet une amélioration considérable sur tous nos précédents logis. Les ours revinrent à plusieurs reprises, de préférence quand ils croyaient que père était à la chasse. Mais ils se heurtaient toujours au grand feu accueillant devant la caverne, et ils se ravisaient. Les lions et autres félins vinrent aussi jeter un coup d'œil, à distance respectueuse, mais prétendaient que leur propre chez-soi était bien meilleur de toute manière, et s'en allaient d'un air aussi digne que possible, sous nos rires et nos quolibets[1].

– Un de ces jours, dit père, ils demanderont la permission de rester avec nous, auprès du feu chaud.

– Mais nous leur dirons : « Ouste, clochards ! », dit mon frère Oswald.

– Peut-être, dit père, songeur. À moins que nous les prenions... à condition.

– Moi, je voudrais avoir un petit minou pour moi tout seul, dit William, mon plus jeune frère, de sa petite voix.

1. Moqueries.

– Ne remplis pas la tête de ces enfants avec des sottises, dit mère.

Nous formions une petite horde, à l'époque. Les attaques sévères nous avaient dégarnis. Nous étions peut-être une douzaine à commencer ensemble cette nouvelle vie. Le chef des femmes, c'était ma mère ; mais nous avions cinq tantes aussi. Tante Laure était une grosse femelle absolument stupide, incapable de lancer une pierre avec la moindre exactitude. En principe, elle appartenait à oncle Vania. Mais il l'avait laissée choir quand il avait découvert qu'elle n'était pas bonne non plus pour grimper aux arbres. Elle aimait notre feu pour une raison de plus que nous : c'est qu'il nous ramenait oncle Vania de temps en temps, et qu'ainsi elle pouvait prétendre qu'ils continuaient de faire la paire. Tante Gudule était appariée à l'oncle Ian, un autre frère de mon père, dont nous entendions beaucoup parler dans notre enfance, mais sans le voir jamais, car il passait son temps à voyager à l'étranger. Comme il ne pouvait pas nous envoyer même une carte postale pour nous dire qu'il était en vie, mère et les autres tantes pensaient qu'il était mort. Mais tante Gudule était sûre qu'on le reverrait. « Le gars nous reviendra, disait-elle. C'est p't-être ben un terrible voyageur, mon p'tit homme, mais j'aurais bourlingué avec lui, il le sait bien, si ce n'était mon pauvre cœur. » Tante Gudule souffrait de palpitations.

Du moins pouvait-elle caresser l'espoir de ce retour, ce qui était plus que ne pouvaient faire tante Aglaé, tante Amélie et tante Barbe. Tante Aglaé avait perdu son mâle du fait d'un lion, tante Amélie d'un rhinocéros velu, et tante Barbe d'un boa constrictor. « Il a voulu l'avaler à tout prix, pleurnichait-elle. "Ça va te faire du mal", je lui disais, mais est-ce qu'il m'écoutait ? Pensez-vous : "C'est comme de manger des orvets[1]", qu'il disait. Et moi : "Au moins coupe-le en morceaux !" Mais non, il suffisait que je lui dise une chose pour qu'il fasse le contraire. "Et lui, qu'il disait, est-ce qu'il découpe les choses qu'il mange ? Alors pourquoi pas moi, qu'il disait, ce qu'il fait je peux bien le faire aussi." Malheur, bien sûr qu'il n'a pas pu ! Même pas la moitié. Mais quand cette tête de mule a dû convenir que j'avais raison comme d'habitude, hélas, c'était trop tard. Que cela te serve de leçon, mon garçon ! » concluait-elle, car elle racontait toujours cette histoire à un enfant en train de s'étrangler par paresse de mâcher avant d'avaler. Mais à d'autres moments le visage pointu de tante Barbe s'inondait de larmes. « J'aurais dû le couper moi-même après les premiers cinquante ou soixante centimètres, sanglotait-elle, et mon homme serait encore là. Mais je croyais qu'il en prendrait de la graine, et je l'ai laissé aller trop loin, un bon mètre de trop. Ô Tony, Tony, pourquoi m'as-tu tellement exaspérée ?[2] »

Tante Amélie et tante Aglaé s'asseyaient près d'elle pour la consoler, car elle avait un air tragique à ces moments-là, mais bientôt elles pleuraient toutes les trois, au souvenir des époux

---

1. Reptiles dont l'apparence est proche de celle du serpent.
2. Reprise des paroles du Christ sur la croix : « Père, Père, pourquoi m'as-tu abandonné ? ».

qu'elles avaient perdus. « Saloperie de lion qui m'a mangé un gars si beau, si droit, que le diable l'emporte ! » gémissait tante Aglaé. « Oh ! un rhinocéros, pleurait tante Amélie, et velu, pardessus le marché ! Qu'avait-il à venir mettre son nez partout ? Il n'avait rien à faire en Afrique. Pourquoi ne pouvait-il rester sur ses glaciers de la côte d'Azur ? C'était sûr qu'il perdrait son sang-froid, en s'échauffant ici de façon ridicule. »

Je ne peux me souvenir de tous les enfants des différentes portées ; de toute manière les loups en avaient mangé plus d'un sans leur laisser le temps de grandir. Celui qui m'était le plus proche, c'était mon frère Oswald, qui montra de bonne heure un don génial pour piéger toutes sortes de bêtes, et même attraper des poissons. Je me le rappelle, encore tout enfant, observant les poissons pendant des heures et comment s'y prenaient les oiseaux. Finalement il en attrapa un et voulut le manger ; et périt presque de la mort d'oncle Tony. Ce n'est que beaucoup plus tard que nous sûmes comment nous y prendre pour nous débarrasser des arêtes.

– Mais on *devrait* pouvoir ! rageait-il à demi étranglé. J'ai vu un léopard en manger un.

– De quel droit vas-tu rôder autour des léopards ? cria mère. Ce n'est pas de ton âge. Va tailler tes silex, sale gosse !

Oswald obéit en rechignant, il n'y avait rien qu'il détestait plus, au contraire de Tobie. Tobie, depuis sa plus tendre enfance, avait des dispositions naturelles pour la taille des bifaces. Père le regardait frapper la pierre avec une précision surprenante pour son âge. « Bien, mon fils, disait-il, très bien. » Mais si adroit que fût Tobie avec du quartz ou du silex, ça n'allait pas beaucoup plus loin, et pour toutes choses en général il nous suivait Oswald et moi. Il exécutait nos corvées, portait nos épieux de chasse, trimbalait sur son dos les proies que nous avions tuées. Nous le faisions creuser pour faire sortir le petit gibier, ou bien encore voler le miel aux abeilles dans leurs nids.

Nous chargions aussi Alexandre, un autre de nos demi-frères, des corvées qui nous ennuyaient. Mais, bien que d'assez bonne composition, on ne pouvait pas trop compter sur lui, et il fallait le garder à vue et souvent l'engueuler ferme pour qu'il termine ce qu'il avait commencé. Non qu'il manquât de courage ni de constance. Mais tout l'intéressait, et notamment les animaux, il tombait en extase, et nous devions lui cogner la tête avec une pierre pour le réveiller. Ses observations généralement se montraient très perspicaces, mais il ne semblait jamais penser à les utiliser pour la chasse, comme faisait Oswald. D'ailleurs il observait jusqu'aux oiseaux, dont chacun sait que la plupart, étant inaccessibles, sont dénués de tout intérêt, mis à part les vautours qui nous aidaient pour découvrir le grand gibier. Alexandre en cela pouvait nous rendre service ; l'ennui, c'est qu'il nous lâchait soudain pour suivre quelque gobe-mouches[1] ou quelque colibri[2]. Pourtant, un jour, j'entendis père qui disait à maman, après qu'Alexandre nous eut raconté

1. Oiseau.
2. Oiseau-mouche.

que la femelle du rhinocéros marche toujours exactement sur les traces du mâle : « Il y a quelque chose à tirer de ce gosse, j'en suis sûr ; mais du diable si je sais quoi… » Souvent il parlait d'Alexandre comme de « notre jeune naturaliste[1] ».

Nous avions, je l'ai déjà dit, un frère encore tout petit, William, mais la bande qui accompagnait père dans ses parties de chasse, c'était toujours Tobie, Alexandre, Oswald et moi-même.

Parmi les filles, ma meilleure copine, c'était Elsa. Nous avions décidé de nous apparier[2] quand nous serions grands. Elle avait l'élégance et la grâce d'une gazelle, et pour la course ou le jet de pierres, elle en eût remontré à beaucoup de garçons. Malheureusement je ne pouvais comprendre, à mesure que nous prenions de l'âge, pourquoi mère lui trouvait toujours quelque chose à faire à la maison au moment même où nous partions. De sorte qu'elle nous accompagnait à la chasse de moins en moins souvent. Elle me disait : « Je dois m'occuper du feu et des bébés, Ernest, mais rapporte-moi quelque chose, tu veux bien ? », et il me semblait lire dans ses beaux yeux bruns une sorte de nostalgie. Je lui gardais toujours le meilleur de ce qui me tombait en partage : les yeux, ou l'os à moelle, ou bien une feuille pleine de miel, ou bien un pâté de sauterelles. « Merci, Ernest chéri, je savais que tu penserais à moi », disait-elle, avant de fourrer la friandise entre ses lèvres voluptueuses et

1. Spécialiste des plantes, minéraux, animaux.
2. Mettre en couple.

purpurines[1]. Ensuite elle me jetait les bras autour du cou, et son plaisir me payait au centuple celui dont je m'étais privé. Je n'imaginais pas que j'en pusse faire autant pour personne.

En plus d'Elsa, nous avions trois autres sœurs : Anne, Alice et Dorine. Quand nous serions adultes, il était entendu qu'Oswald se réserverait Anne, qui était une forte fille bien musclée ; qu'Alexandre aurait Dorine, pleine de sentiments maternels à son égard ; et que Tobie s'apparierait avec Alice. À quoi bon se compliquer la vie ?

1. De couleur pourpre.

4

Une grande nouveauté, grâce au feu, c'était d'avoir de la lumière après le coucher du soleil. Nous jouissions tous les soirs de ce luxe inépuisable. Rassemblés autour de lui à nous détendre et à sucer des os à moelle, nous nous racontions des histoires. Père revenait souvent sur la sienne : son iliade et son odyssée pour ramener le feu dans la vallée. Il parlait sans cesser de tailler la pointe d'un épieu, car on ne le voyait jamais oisif. Petit à petit nous apprîmes ainsi toutes les péripéties.

Il nous rappela d'abord la triste situation dans laquelle nous étions encore quelques jours plus tôt, chassés, traqués par les fauves et les loups presque jusqu'à extinction. Nous perdions des oncles, des tantes, des frères et des sœurs dans ce massacre. C'était l'insuffisance d'ongulés – ânes, zèbres, chevaux – qui obligeait les carnassiers à s'en prendre à nous. La cause de cette raréfaction ? Peut-être la sécheresse : les pâturages jaunissaient au soleil. Ou bien quelque épizootie[1] avait-elle décimé le bétail. Toujours est-il que, quand les grands chats commencent à manger de l'homme, ils ont vite fait d'y prendre goût.

Pourquoi, se demandait père, n'avait-il pas conduit son peuple dans des régions moins infestées ? Oh, ce n'était pas faute d'y avoir réfléchi. Mais où alors ? Vers le nord, à travers les plaines ? Les carnassiers seraient nombreux en route, sans compter ceux qui nous auraient suivis, d'où une forte morta-

1. Épidémie chez les animaux.

lité. Retour aux arbres, comme nous pressait de le faire l'oncle Vania ? Malgré ses dires, Vania lui-même y trouvait de moins en moins de quoi nourrir son homme, à plus forte raison toute une horde. De plus, il semblait impensable à père de sacrifier des millénaires d'évolution et d'industrie paléolithique, pour repartir à zéro en pauvres singes arboricoles. Notre grand-père, disait-il, se serait retourné dans sa tombe, laquelle se trouve à l'intérieur d'un crocodile, si son fils avait trahi tout l'effort de sa vie. Non, nous devions rester, et nous servir de notre tête. Il nous fallait trouver un truc pour empêcher les lions de nous manger, et une fois pour toutes. Mais lequel ? C'était le problème clé. Telle était la beauté de la pensée logique, disait-il : elle vous permet d'éliminer toutes les conjectures[1], jusqu'à ce qu'il ne reste que la dernière, qui est la bonne.

Il s'était dit : nous craignons les bêtes fauves. Que craignent ces bêtes fauves ? D'autres bêtes plus fortes qu'elles. Et ces bêtes les plus fortes ? Rien, sauf une chose : le feu. Nous le craignons nous-mêmes, comme tous les animaux. De temps en temps nous le voyons glisser en bouillonnant sur le flanc des montagnes, et faire flamber les forêts. Alors toutes les espèces fuient terrifiées. Nous-mêmes en arrivons à détaler à une telle vitesse que nous rattraperions presque un lion à la course. Et, devant le danger, lions et pithécanthropes deviennent frères. Cela n'arrive pas souvent, mais quand cela se produit, quand une montagne entière explose en flammes et en fumée, chaque bête est

1. Hypothèses.

prise de panique et court affolée dans toutes les directions. Pas de douleur plus cruelle que celle d'une brûlure, pas de mort plus effrayante que d'être brûlé vif. Du moins cela nous semble ainsi.

Telle était la donnée. Comment donc obtenir un effet comparable à celui d'un volcan, sans pour autant se faire sauter soi-même ? Ce qu'en somme père désirait, c'était une sorte de volcan portatif : l'idée lui en était venue, l'avait illuminé une nuit où il guettait derrière la barricade. Mais de la théorie à la pratique, il y a loin. Et une idée, si juste soit-elle, ne vous chassera pas une famille d'ours de sa caverne, le lui expliqueriez-vous en long et en large. Certes, l'élégance de sa théorie réjouissait père, et à bon droit ; mais il se rendait compte que s'il se contentait de s'en réjouir, il serait infailliblement mangé avec le reste de la famille.

Poussant plus loin sa réflexion, il lui vint une seconde idée : celle d'aller voir de près comment le feu fonctionnait. Comment n'y avait-il pas songé plus tôt ? Il se maudissait d'avoir attendu, pour y penser, d'être en pleine période de crise. Mais c'était clair que le seul espoir d'avoir un feu restreint et de dimensions familiales, c'était de grimper tout en haut d'un volcan, et d'en écorner un morceau d'une manière ou d'une autre. Espoir presque désespéré, mais la situation aussi était désespérée. Il décida de risquer le tout pour le tout sur cette dernière chance.

Le voici donc en train d'escalader le volcan le plus proche, qui est le Ruwenzori. Il se guidait sur les flammes qui jaillissent de son sommet et, contournant les glaciers au nord, il grimpait dur. La montagne est couverte d'une forêt d'arbres immenses, pour la plupart euphorbes[1] et palissandres[2], il la traversa aussi vite qu'il le put, moitié au sol, moitié par les branches. La forêt grouillait d'animaux, servals[3] et phacochères, singes, gloutons, écureuils, et des bandes d'oiseaux de tout genre. Mais peu à peu les arbres se faisaient rares, et père se trouva de plus en plus seul. Dessous ses pieds venaient des grondements qui faisaient penser à des lions. Enfin il se trouva dans une sorte de savane désertique, rochers noircis, herbe rare, arbres rabougris. Il y régnait un froid mortel, avec des plaques de neige ici et là, et père s'essoufflait comme si l'air lui manquait, et il était tout à fait seul maintenant, excepté un tétracorne[4] qui volait loin là-bas au-dessus de la cime des arbres, et qui à cette distance paraissait à peine plus grand qu'un aigle. Tremblant de froid sous la bise glaciale, il se brûlait quasiment les pieds sur les rochers trop chauds. Pourtant il avançait, tout en se demandant pourquoi diable il faisait l'idiot sur cette lave solidifiée, crevant de peur à voir se rapprocher les lèvres gercées du cratère tout entouré de fumée noire. Alors lui apparut la folle présomption[5] de son entreprise : aller chercher de quoi griller les moustaches d'un lion en un lieu où les pierres même se consumaient comme du bois mort ! Perdant courage, il fut sur le point de rebrousser

1. Plantes vivaces.
2. Arbres exotiques.
3. Félins de la savane dont la robe est tigrée.
4. Animal préhistorique.
5. Orgueil.

chemin. Mais, sachant que de rentrer bredouille était aussi futile que de ne pas rentrer du tout, et passionné aussi par le spectacle qu'il avait devant lui, il poussa de l'avant.

Sa persévérance fut tout à coup récompensée. Alors qu'il voyait les rochers du cratère se dresser à pic, et le surplomber encore de plus de mille mètres ; alors qu'il lui aurait fallu deux ou trois jours pour grimper en spirale avant d'y parvenir (et eût-il survécu la nuit, en plein air, dans un tel endroit ?) et comme il atteignait la face opposée de la montagne, son espoir se ranima : de la fumée, de la vapeur sortaient à flanc de coteau, juste au-dessus de lui. Il y trouverait du feu peut-être, sans avoir à se risquer jusqu'au cratère et son bouillonnement, qui rougeoyait à des milliers de degrés centigrades. Et en effet, ayant grimpé un peu plus haut en diagonale, il vit des entrailles liquides suinter sur la pente rocheuse, comme si quelque ennemi, après avoir pourfendu la montagne, lui exprimait les tripes en appuyant dessus. Son temps eût-il été moins précieux, disait père, qu'il eût élaboré quelque hypothèse plus proche de la vérité sur la façon dont le monde avait été fait ; mais il n'avait guère le loisir de se livrer à d'autres observations que les plus hâtives. Et ce qui, pour le moment, accaparait son intérêt, c'était de voir comment, dès qu'un arbre était sur le chemin du vomissement incandescent, il se mettait à flamber avant même d'être atteint. Redoublant alors d'attention, il s'aperçut bientôt que lorsqu'un arbre avait pris feu, s'il s'en trouvait un autre au voisinage, celui-ci s'enflammait aussi peu après. Voilà donc, pensa-t-il avec exaltation, le principe, le secret mécanisme de la transmission du feu, démontré au naturel ! Le feu aime à manger : si on lui présente une nourriture à sa convenance, il la dévore à son tour aussitôt. « Tout cela, nous disait-il, vous semble maintenant très évident ; mais souvenez-vous que moi, je voyais ce phénomène pour la première fois ! »

Tout en parlant, père s'aperçut que l'épieu dont il taquinait les tisons était en train de brûler du bout. Il jura, l'éteignit sous des pierres, et quand, peu après, l'épieu eut cessé de fumer, il commença d'en nettoyer la pointe noircie avec un éclat de silex.

« Le volcan, c'était le feu-père, continuait-il tout en grattant. Les arbres étaient fils et filles, mais chacun d'eux ensuite, quand les branches d'un autre arbre l'approchaient d'assez près, pouvait devenir un feu-père. L'application de cette découverte m'apparut sans délai : tout ce que j'avais à faire, c'était de ramasser quelque branche tombée, de l'approcher d'un arbre brûlant et de l'emporter. Plus facile à dire qu'à faire ! Car la chaleur, bien entendu, était infernale, et je crus bien prendre feu moi-même. Mais enfin, enfin je réussis : je tenais une branche enflammée ! J'avais du feu dans mes propres mains ! Criant de joie et de fierté, je m'élançai, portant haut ce petit volcan à mon bras. J'allais effrayer le lion le plus féroce à lui en faire perdre tous ses esprits ! Et je courais, joyeux, vers la vallée. Il me fallut dix bonnes minutes pour m'apercevoir que mon volcan s'était éteint, et que ce que je brandissais si fièrement n'était plus qu'un tronçon noir qui me brûlait la main. »

« On n'apprend que par l'expérience », dit père. Il retourna donc sur ses pas pour faire une seconde expérience et, s'il le fallait, d'autres et d'autres encore. Il vit et comprit bientôt qu'un petit feu avait tôt fait de dévorer sa nourriture ; et que, si l'on ne voulait pas qu'il meure, il fallait lui en donner de nouvelle. C'est donc ce que fit père. C'est-à-dire qu'il organisa une sorte de relais. Il mit le feu à une branche, l'emporta en courant aussi loin qu'il put dans la forêt, arracha une nouvelle branche avant que le feu n'eût atteint sa main, lui fit prendre feu, l'emporta, et ainsi de suite. Nous écoutions père bouche bée, car si tout cela paraît simple et logique une fois qu'on l'a vu faire, nous comprenions combien peu ce l'était avant cette première fois.

Le système fonctionna à merveille, bien que père découvrît que certains arbres brûlaient mieux que d'autres. Il sut en tenir compte, et quand il arriva chez nous, il portait le six cent dix-neuvième tison de la série, avec lequel il fit s'enfuir les fauves et les loups qui avaient encerclé notre grotte, et alluma un feu à nous à l'intérieur de la palissade, le même feu que nous avions apporté ici, dans notre nouvelle caverne, et qui n'est jamais mort depuis. « D'ailleurs, dit père, même s'il arrivait maintenant qu'il s'éteignît… »

Il ne termina pas. Il s'avisait qu'il avait beau gratter, la pointe de son épieu restait brune et salie. Avec dépit, il la lança contre la paroi. Mais, à notre surprise à tous, au lieu de s'y écraser avec un bruit mou, la pointe rebondit avec un tintement sec et musical. Père ramassa l'épieu. La pointe était intacte.

« Dieu de miséricorde ! souffla-t-il. Tout en vous parlant et sans même y penser, je viens de faire une invention de première grandeur : la lance de chasse à grand rendement, à pointe trempée au feu ! »

5

Avant cette invention de père, la faiblesse des dards que nous fabriquions, pour abattre le petit gibier, avec les rameaux les plus droits que nous pouvions trouver, c'était leur pointe. À une certaine distance, elle perdait toute force de pénétration. Or il n'est pas facile de s'approcher d'un bouquetin[1], d'une gazelle ; aussi perdions-nous beaucoup plus de gibier que nous n'en abattions. Quant aux grosses bêtes, outre le danger de les serrer de trop près, nos dards ricochaient tout simplement sur leur blindage.

Les nouvelles pointes durcies au feu changeaient tout ça. Pour les ongulés, par exemple, nos dards étaient mortels à trente mètres, et nous nous exercions couramment sur des cibles au double de cette distance. C'était généralement le crâne d'un zèbre ; j'atteignais l'orbite à cinquante mètres, Oswald à plus de soixante, parfois à soixante-dix avec des dards bien droits. Nous nous exercions, bien sûr, avec des pointes émoussées, car la meilleure pointe durcie s'use vite, même à la chasse. Il faut souvent aller la passer au feu, ce qui limite, il faut en convenir, le rayon d'action de l'arme nouvelle. Toutefois, du jour de son introduction dans notre arsenal, il arriva beaucoup moins souvent que nous eussions faim.

Il devint normal de chasser le cheval, le zèbre, le cerf, le kon-

1. Chèvre sauvage des montagnes.

goni[1], le gnou, l'élan, l'oryx, et les caprins[2] quand l'occasion se présentait. Nous courions courbés dans l'herbe haute qui couvrait la plaine, nous redressant seulement pour viser notre proie. Cette capacité, comme celle de grimper aux arbres pour faire le point, nous donnait l'avantage de la surprise, malgré les sentinelles faisant le guet pour le troupeau. Il n'y avait guère que les girafes qu'on avait du mal à surprendre, et nous n'en attrapions pas beaucoup. Nous avions de meilleurs résultats avec les chalicothériums, dont le cou est plus court. Mais avec leurs bois en éventail, ils sont dangereux quand ils sont blessés. Les nouveaux dards rendaient possible de tuer les buffles, mais eux aussi sont dangereux, et au début il y eut pas mal de victimes : personne ne court plus vite qu'un buffle, même avec un dard fiché dans son dos.

Nous essayâmes la nouvelle arme sur les hippopotames et les crocodiles, espérant ajouter un peu à notre sécurité quand nous venions boire. Mais les résultats furent médiocres.

Les crocodiles sont très forts pour dresser des embûches de ronces et de papyrus, où les animaux s'embarrassent et s'enfoncent. Père en conçut l'idée de tendre des pièges, nous aussi. Cela ne nous plaisait guère, car c'était à nous, les garçons, que revenait la tâche de creuser les fosses. Or, creuser une fosse de trois mètres de fond et de quatre au carré, cela représente remuer cinquante mètres cubes de terre et de cailloux ; et ce

1. Bovidé d'Afrique.
2. Animaux de la famille des chèvres.

n'est pas un mince boulot quand on n'a pour le faire qu'un pieu trempé au feu, une omoplate de zèbre et les mains nues. Mais père insistait beaucoup : « C'est dur à faire, convenait-il, mais ensuite c'est automatique. L'idée en est donc juste. Reste à imaginer un équipement plus efficace pour remuer la terre. » C'est ce que nous ne sûmes pas trouver, et ce fut un grand soulagement pour nous quand père eut l'idée de suspendre un dard pointe en bas, entre deux arbres, par un système de lianes dont une partie était tendue à la hauteur des défenses d'un sanglier : quand la bête cassait la corde, la lance lui entrait droit entre les épaules. Il aurait volontiers équipé la forêt tout entière de ces mécanismes, sans le risque d'oublier où ils étaient placés et de les faire sauter nous-mêmes. Oncle Vania leur échappa de justesse et vint se plaindre.

Avec nos dards modernes, et la sécurité de laisser les habitants de nos cavernes à l'abri du feu, nous jouissions d'une assurance nouvelle, grâce à laquelle nous osions partir chasser dans tous les azimuts[1]. Quand nous tuions, nous écorchions et dépecions la victime sur place, et nous faisions ripaille du sang, des entrailles, de la cervelle avant d'en emporter les quartiers sur nos épaules. Quels trophées, comparés aux lapins, blaireaux, écureuils et autres rongeurs qui avaient si souvent formé nos seuls tableaux de chasse, dans le passé ! Nos dards servaient à tout : à tenir les hyènes en respect, quand elles prétendaient se joindre à notre table ; à mettre à mort un éléphant, ou un rhi-

1. Sens.

nocéros, déjà blessé ou épuisé au cours des guerres civiles printanières. Toute la horde venait alors s'installer sur l'énorme carcasse, comme des vautours, et nos mâchoires y traçaient leur chemin pendant tout un week-end. Et c'était une plaisante musique, le suip'-suip'-suip' de nos couteaux de silex que nous nous relayions à aiguiser, et un plaisant ballet, celui de nos haches de pierre montant et retombant sur des fémurs gros comme des troncs d'arbres, à mesure qu'ils se découvraient, pour en extraire la substantifique moelle[1].

À mesure que nos chasses gagnaient en efficacité, les femmes pouvaient passer plus de temps aux travaux de ménage, au lieu d'être obligées de suivre les chasseurs pour avoir leur part de butin. Ce fut vers cette époque que père commença de dire que la place de la femme est au foyer. Mais nous autres garçons nous nous joignions aux chasses, non seulement pour aider, mais parce que père ne croyait, en fait d'éducation, qu'à la méthode directe.

Celle-ci commençait, dès le plus jeune âge, par la taille du silex. À peine un garçon était-il né que père lui mettait des cailloux dans ses menottes. Il en avalait bien quelques-uns, mais il apprenait vite à singer les aînés en les cognant l'un contre l'autre. Père nous faisait remarquer que, sans notre capacité de loucher, nous n'aurions rien pu faire de bon : on ne pourrait travailler la pierre sans convergence optique, disait-il, même avec deux mains et la vision binoculaire. Il obligeait les filles

---

1. Voir groupement de textes II, p. 236.

aussi à ce travail : « De nos jours, une fille doit être en mesure de pourvoir à son existence : une fille qui peut donner, à un éclat d'obsidienne[1], une arête vraiment aiguë, ne manquera jamais de compagnon ni de quoi se remplir la panse. »

L'art de travailler la pierre était le sujet favori des discours que nous faisait père. Car il aimait à nous en retracer l'historique, comme son père l'avait fait pour lui, suivant une tradition qui se perd dans la nuit des temps. Si nous nous plaignions de la fragilité des arêtes si laborieusement obtenues, il nous montrait comment cette fragilité même avait rendu possible l'ascension de notre espèce : pendant un temps immémorial, expliquait père, nos aïeux pithécanthropes s'étaient servis, sans avoir l'idée d'abord d'en faire eux-mêmes, de silex éclatés accidentellement et qu'ils n'avaient qu'à ramasser. Puis, pendant un autre temps immémorial, ils s'étaient contentés de laisser tomber le silex du haut d'une falaise, afin d'en recueillir les éclats utilisables. « Si vos grattoirs vous donnent trop de travail, plaisantait-il, vous pourriez toujours essayer de revenir à cette méthode-là... » Mais l'art du silex n'avait, disait-il, vraiment commencé qu'avec la frappe. « Nous débutons tous à la manière ancienne : en tournant la pierre sans arrêt, entre les coups, au petit bonheur la chance ; mais vous savez qu'ainsi on n'obtient pas un éclat sur dix qui soit convenable. Les méthodes modernes ont mis fin à ce gaspillage de temps et de matériel. Voyez comme je fais », disait-il, et il joignait le geste à la parole : « D'abord un éclat sur

1. Roche volcanique, noire et dure.

le côté – comme ceci, pan ! – ensuite, nous servant de cette surface comme d'une plate-forme d'appui, une série de nouveaux éclats – ainsi : un ! deux ! trois ! *quatre !* – et voyez comme ils sont uniformes, quelle beauté ! Et combien plus légers les coups qu'il faut donner ! Bon, et maintenant je veux voir, s'il vous plaît, tous ces éclats bien rectifiés avant le déjeuner. »

Plus tard ce fut le tour des études secondaires, concernant les animaux que nous chassions, et ceux qui nous chassaient. Nous devions apprendre où ils vivaient, et de quoi, et comment ils passaient leur temps. Nous nous exercions à les suivre à l'odeur, à saisir leur langage. Dès nos premières années nous savions copier le grondement du lion, le boum-boum de l'autruche, le barrissement de l'éléphant, le ronflement du rhinocéros, la plainte sanglotée de l'hyène et la façon dont le léopard se racle la gorge. Nous apprîmes pourquoi la gazelle et l'impala restent muets tandis que les zèbres et les chevaux, au pied véloce[1], osent hennir tant qu'ils veulent. Pourquoi les singes peuvent clabauder[2], en sécurité sur leurs arbres, comme nous le faisions dards en mains ; tandis que les troupeaux, entourés d'ennemis, se meuvent en silence. Nous apprenions aussi à déterrer les œufs de tortue, et ceux de crocodile, et où voler aux oiseaux leurs jeunes couvées. Nous savions comment dénicher le scorpion et détruire sa queue avant de le manger.

Nous étudiions aussi la botanique, sous l'angle économique.

---

1. Rapide.
2. Crier.

Quels fruits, quels champignons, quelles racines étaient comestibles, et lesquels ne l'étaient pas. Père nous faisait honorer les pionniers qui, tout au long de l'âge de pierre, avaient sacrifié leur vie pour découvrir lesquels étaient quoi : car, avec le développement de l'intelligence, l'instinct s'était trop atrophié[1] pour prévenir. Il nous fallait apprendre la différence entre les deux racines du manioc[2], dont l'une est nourrissante et l'autre mortelle. Nous devions nous méfier des fruits défendus, et aussi de l'arbre défendu, l'*Acocanthera abyssinica*, dont même la sève tue.

Nous étant mis à chasser les grands ongulés de façon régulière, nous commençâmes de considérer les grands félins moins en ennemis qu'en rivaux, et même qu'en spécialistes du même métier que nous. Nous les observions à la besogne, léopards et guépards sur les collines, lions et machérodes dans les plaines, pumas, ocelots[3], caracals[4] dans la forêt, et hyènes en tous lieux. Leur équipement de chasse faisait notre admiration : de bons yeux pour le jour et des moustaches pour tâter dans la nuit ; des griffes rétractiles, bien protégées dans leur étui, pour agripper la proie et grimper aux arbres ; un bon camouflage quand ils sont à l'affût, et une vitesse considérable, avec une accélération qui les portait à quatre-vingts à l'heure en moins de cinquante mètres.

---

1. Diminué.
2. Petit arbre que l'on trouve dans les régions tropicales.
3. Grands chats sauvages d'Amérique.
4. Petits lynx que l'on trouve en Afrique et Asie du Sud.

Père, tout en les admirant plus que n'importe qui, nous exhortait pourtant à garder la mesure :

– C'est de la pure spécialisation, disait-il. Ces bêtes-là sont de superbes machines à chasser, mais à fonction unique. Pour tuer le gibier, elles sont trop parfaites, et voilà leur faiblesse. Il ne leur reste aucun progrès à faire, et elles n'évolueront pas plus loin, croyez-moi. Malgré toute leur force et toute leur astuce, que le gibier vienne à disparaître, et c'est la mort sans phrase. Elles ne sauraient pas faire comme nous, et traverser la mauvaise passe avec des noix de coco... Regardez le machérode : il est même déjà, celui-là, allé trop loin. Avec ses dents démesurées, il peut mordre à travers la jugulaire[1] d'un rhinocéros, mais qui ne voudrait vivre que de rhinocéros ? Ses dents le gênent terriblement tout le reste du temps. Il se l'est coulée douce tant que les animaux étaient plus grands qu'ils ne sont de nos jours, et il n'est pas douteux qu'il a réglé leur compte au brontosaure et à l'amebelodon[2], au mégathérium[3] et à bien d'autres de ces grandes niquedouilles[4] dont votre grand-père me parlait quand j'étais gosse. Ses sabres ont fait de lui un seigneur sans pareil tant que les vitesses n'avaient pas atteint celles d'aujourd'hui ; mais à présent ils le font trébucher constamment. Fils, écoutez-moi bien : en voilà un déjà qui s'en va droit vers la sortie. Les autres pourront se débrouiller encore pendant quelque temps

1. Veine du cou.
2. Mastodonte fossile pourvu de défenses.
3. Gigantesque paresseux, édenté. Éliminé par l'homme.
4. Nigauds.

mais, en vérité je vous le dis[1], le jour viendra où ils en seront à mendier les restes de nos repas.

Cela nous faisait rire, mais père secouait la tête.

– Vous avez beau rire, disait-il, mais je prédis qu'avec le temps nous réduirons à quia[2] tous ces grands chats. Je ne dis pas que d'autres animaux ne pourront pas l'emporter sur nous, pithécanthropes. Mais vous verrez, si c'est le cas, qu'ils nous ressembleront. Et c'est pourquoi, d'ailleurs, je veille au grain : on ne sait jamais ce qui peut se préparer. Le principal, c'est de s'en tenir fermement à des principes solides. Et je mettrais ma main au feu que la spécialisation, cela met tôt ou tard un terme au progrès d'une espèce. Et pourtant il faut bien qu'un animal se spécialise, sinon il est fichu. Prenez ce bon vieux chalicothérium, par exemple. Ce n'est ni un cheval, ni un cerf, ni une girafe. Il a le cou trop court pour lui servir de sentinelle, et pour atteindre les hautes feuilles des arbres quand les grands troupeaux lui ont fauché son herbe. Mais il l'a trop long pour se défendre efficacement avec ses bois. Il n'a pas de sabots, de sorte qu'il ne peut pas atteindre de grandes vitesses. Il n'est ni une chose ni une autre, et les vrais spécialistes le mettront dehors.

– Mais nous non plus, nous ne sommes ni une chose ni une autre, dis-je avec inquiétude.

Le front bas mais protubérant de père se ridait à force de méditer.

---

1. Expression souvent répétée par le Christ dans les Évangiles (voir groupement de textes II, p. 234).
2. Contraindrons au silence.

– C'est vrai, fils, c'est vrai. Nous étions arboricoles, et nous voici des animaux de plaine ; végétariens, et nous voici carnivores, sans avoir ni les dents ni les jambes pour cela. Mais justement, je crois que notre force viendra de ce que nous ne sommes pas des spécialistes. Faudrait-il nous remettre à quatre pattes et nous faire pousser des canines ? Ce serait rétrograde. Les lions et les loups savent chasser. Mais quoi d'autre ? Rien du tout.

– Mais, papa, pourquoi faire autre chose ? dit Oswald.

– Oh, toi, je conviens que tu es passablement spécialisé, dit père d'un ton acide. Néanmoins, ça me ferait plaisir de te voir appliquer ton esprit primitif à des choses plus élevées, de temps en temps.

– Mais quelles choses ? insista Oswald.

– *Wait and see*, dit père en comprimant ses lèvres. Qui vivra verra.

6

– Eh oui, cette fois tu as passé les bornes, Édouard ! rabâchait oncle Vania, tout en mastiquant à belles dents une épaule de cheval, le dos au feu.

– Tu l'as déjà dit, fit remarquer père qui, lui, s'attaquait à une côte de bœuf dans le filet. Qu'est-ce qui ne va pas avec le progrès, je voudrais le savoir ?

– Progrès, progrès, c'est toi qui lui donnes ce nom, dit oncle Vania. Par-dessus son épaule, il jeta dans le foyer un cartilage décidément incomestible. Moi, j'appelle ça de la rébellion. Aucun animal n'a jamais été conçu dans le but de dérober le feu au sommet des montagnes. Tu as transgressé les lois établies par la nature. Tu en seras puni. Oswald, passe-moi un morceau d'antilope, j'en prendrai volontiers.

– Moi, je vois la chose au contraire comme un grand pas en avant, persistait père. Peut-être un pas décisif. Évolution n'est pas révolution. Pourquoi serait-ce de la rébellion ?

Oncle Vania pointa vers lui une clavicule accusatrice.

– Parce que ce faisant tu t'es expatrié de la nature, Édouard. Ne vois-tu pas quelle damnée prétention c'est là ? Quel orgueil, quelle outrecuidance, pour ne pas dire plus ? Tu étais un simple enfant de la nature, plein de grâce, d'ardeur, et d'innocence, Édouard ! Tu étais un des éléments de l'ordre établi, acceptant ses dons et ses peines, ses joies et ses terreurs, un élément du majestueux ensemble formé par la flore et la faune, vivant avec lui en parfaite symbiose[1], avançant avec lui dans le rythme solennel et infiniment lent des changements naturels. Or, maintenant, qu'en est-il de toi ?

– Eh bien, qu'en est-il de moi ? dit père.

– Coupé ! aboya oncle Vania. Séparé ! Exilé !

– Coupé de quoi ?

– De la nature, de tes racines, de tout vrai sentiment *d'appartenance*, Édouard ! De l'Éden !

– Et toi non ? demanda père.

– Non. Moi, je persiste à n'être qu'un simple enfant, et innocent, de la nature. Ta façon d'agir passée, présente et future, je la désapprouve de tout mon être. J'ai fait mon choix. Je reste singe.

– Encore un peu d'antilope ? dit père en souriant.

– Je goûterai plutôt de l'éléphant, merci. Mais ne crois pas pour ça que tu me dames le pion[2], Édouard. Quand l'animal a faim, il mange ce qu'il trouve, même si ce n'est pas de ses aliments habituels : loi naturelle de l'instinct de conservation. Il m'est permis, dans des circonstances exceptionnelles, d'ajouter du gibier à mon régime ordinaire de fruits, de larves et de racines. Dis donc, cet éléphant est un peu avancé, non ?

– Si, un peu. Nous ne sommes pas des as pour transporter les éléphants. Nous avons mis des jours à le trimbaler jusqu'ici. Ça pèse lourd, un éléphant. Mais ça vous dure.

---

1. Unité, harmonie.
2. Tu as le dessus.

– Ne t'excuse pas, ce serait ridicule : c'est tout le procédé qui est inadmissible. Et puis, que ce soit pourri, j'aime plutôt mieux ça : c'est moins long à mâcher. Et voilà qui confirme ce que je dis, Édouard : nos dents ne sont pas faites pour manger de la viande. Vous autres, maintenant, à quoi passez-vous le plus clair de votre temps libre ? À mastiquer. Outre que c'est malsain, à quoi cela vous mène-t-il ?

– Oui, ça c'est un problème, j'en conviens, dit père.

– Ah, tu vois ! Tu ne peux pas prétendre que la nature ne nous rend pas ses commandements parfaitement explicites. Tu ne chasseras pas, car tu n'as pas les dents idoines[1]. Peut-on être plus clair ? Et encore : tu ne déroberas pas le feu pour te chauffer, car tu es couvert d'une toison étudiée pour.

– Pas moi ! protesta père. Je n'ai presque plus de poil depuis des années. D'ailleurs, ce n'était pas du tout mon but en dérobant le feu. C'était pour empêcher les lions de nous dévorer. N'était-ce pas naturel ? Hein, dis voir un peu ? Bien sûr, ça n'est pas désagréable de pouvoir se chauffer par-dessus le marché. Tiens, fils, lance-moi un autre arbre là-dessus, dit-il à Oswald.

– Tu ne mangeras pas de l'arbre de la connaissance du bien et du mal[2], dit oncle Vania d'un ton hargneux, en se reculant un peu sur son derrière.

– D'ailleurs, continuait père, sommes-nous déjà sortis de la nature, comme tu le prétends ? Pourquoi le feu ne serait-il *pas*

1. Adéquates, qui conviennent.
2. Référence à la Bible, Gen. 2, 16-17.

une forme d'adaptation, exactement comme la girafe allongeant son col, ou le cheval conglutinant[1] ses doigts de pied? Suppose que la glace descende jusqu'ici. Cela prendrait des siècles à me faire repousser une fourrure. Et d'autres siècles à m'en débarrasser ensuite, quand le climat se réchaufferait. Imagine que j'invente une fourrure amovible? Tiens, il y a une idée là-dedans..., dit-il songeur, tandis que l'oncle Vania grognait de mépris. Bien que dans la pratique, continuait-il, les sourcils froncés, je ne voie pas comment l'appliquer... En attendant, le feu fait bien l'affaire, dit-il, on peut à volonté réduire la chaleur ou l'augmenter. C'est de l'adaptation, ça, donc de l'évolution, seulement nous y arrivons beaucoup plus vite, un point c'est tout.

– Voilà! Voilà l'erreur! ô misérable prétention d'homme que tu es! s'écria oncle Vania. De quel droit accélérer les choses? De quel droit pousser à la roue, au lieu de te laisser conduire? Tu veux bousculer la nature, mais sois tranquille, elle ne se laissera pas faire. Un jour tu t'en apercevras!

– Mais bon sang, dit père indigné, n'est-ce pas la même chose? Plus vite ou plus lentement, où est la différence?

– La différence, cria l'oncle Vania, c'est que c'est une vitesse démentielle! Vouloir faire en un jour, en un an, ce qui devrait prendre des milliers, des millions d'années – à supposer, ce qui me semble hautement improbable, que ce soit cela qui doive se réaliser. Personne n'est fabriqué pour vivre à ce rythme infer-

1. Rassemblant en un seul sabot.

nal ! Ne me rebats pas les oreilles avec ton évolution, Édouard, et d'ailleurs, ce n'est pas à *toi* de décider ni si ni comment tu dois continuer d'évoluer. Je vais te dire ce que tu es vraiment en train de faire, Édouard : des pieds et des mains pour sortir de ta condition. Et cela, outre que c'est vulgaire, petit-bourgeois, bassement matérialiste, j'ai le profond regret de t'avertir que c'est dénaturé, rebelle, outrecuidant et sacrilège. Allons, vas-y, dit-il sur un ton de perfidie caustique[1], dis-nous la vérité : tu t'imagines être en train d'engendrer une espèce tout à fait nouvelle, n'est-ce pas ?

– Ben, dit père mal à l'aise, l'idée m'est passée par la tête qu'il se pourrait...

– Je le savais ! s'écria victorieusement oncle Vania. Édouard, je lis en toi comme dans... dans un... eh bien, je sais exactement ce que tu as dans le crâne. Et c'est de l'orgueil. L'orgueil coupable de la créature ! Je te le répète : tu en seras puni, rappelle-toi mes paroles ! Tu as perdu ton innocence, et contre quoi ? Qu'as-tu gagné ? Je vais te le dire : l'ignorance ! Parce que tu as rejeté ton allégeance[2] à la nature, tu te figures que tu pourras la conduire par la queue. Eh bien, tu te prépares de fameux déboires, mon vieux, je t'avertis ! L'instinct, ce n'était pas assez bon pour toi, hein ? Tu veux l'améliorer ? Nous verrons bien où cela va te mener – nom d'un tonnerre, que fait cet affreux marmot ?

Alexandre, qui était assis juste derrière son oncle, sauta sur

1. Ironie mordante.
2. Entière soumission.

ses pieds et voulut se sauver parmi les arbres. Mais le long bras d'oncle Vania se déploya comme un éclair, et dans l'instant ramena sans merci le garçon par l'oreille.

– Aïe ! Aïe ! hurlait Alexandre.

– Qu'est-ce que tu étais en train de faire ? rugit oncle Vania.

– J'étais... je... simplement, dit Alexandre en sanglotant et il s'effondra. Il tenait en main une longue braise éteinte, et tout son corps était zébré de noir.

– Outrage ! Outrage ! tonnait oncle Vania.

– Mais qu'y a-t-il ? dit père en s'avançant pour voir.

Nous nous approchâmes tous, et poussâmes un cri de surprise.

Là, sur le plancher rocheux, il y avait l'ombre d'oncle Vania, mais séparée de lui, immobile. Son ombre sans aucun doute possible : personne n'eût pu se tromper sur ces vastes épaules voûtées, ces jambes velues, ce dos courbé, ces fesses broussailleuses, cette mâchoire prognathe[1] et surtout, surtout ce bras simiesque[2] étendu dans un geste d'accusation typique. Et voici, l'ombre était là, immuable et fixée de la façon la plus étonnante, au milieu de nos ombres à nous qui dansaient et frémissaient dans la lumière du feu.

– Qu'est-ce que c'est ? demanda l'oncle Vania d'une voix terrible, bien qu'il ne pût y avoir qu'une seule réponse désastreuse.

---

1. Dont les mâchoires inférieures sont avancées.
2. Qui a l'apparence d'un singe.

– De l'art fi-figuratif, sanglota Alexandre.

– Sale mouflet ! hurla oncle Vania. Qu'as-tu fait de mon ombre ?

– Tu l'as toujours, dit père pour l'apaiser. Ou bien il t'en est poussé une seconde très vite. Regarde derrière toi.

– Ah ! dit oncle Vania. Sa rage se fit moins violente. Le fait est, je l'ai. Mais je ne permettrai à personne, fût-ce pour un moment, qu'il ampute mon ombre. Ton sale marmot aurait pu me blesser, Édouard, et même grièvement. Rends-la-moi, dit-il à l'enfant, tu n'as aucun droit sur aucune de mes ombres ni sur celle-ci ni sur une autre. Rends-la-moi tout de suite, tu m'entends ?

– Ramasse-la et donne-la-lui, Alexandre, dit père d'un ton sévère.

Le malheureux s'y essaya en vain.

– Je ne peux pas, dit-il en reniflant. Ce n'est qu'une image.

– Voilà le comble ! hurla oncle Vania. Une image ! Que te disais-je, Édouard ? Tu ne pourras pas maîtriser cette chose infernale que tu appelles progrès. Tu ne graveras pas l'image de ton oncle ! siffla-t-il dans l'oreille terrifiée d'Alexandre, qu'il torturait de plus belle. Et nous vîmes celui-ci frotter avec ses pieds l'ombre d'oncle Vania, qui disparut sous nos yeux stupéfaits.

– Je le corrigerai, dit père, mais je ne crois pas que le gosse pensait à mal. C'étaient seulement de mauvaises manières.

– Pas à mal ! haletait oncle Vania. Édouard, tu n'es qu'un nigaud. C'est une génération de vipères. Je m'en vais.

– Où donc ? dit père innocemment.

– *Back to the trees !* glapit oncle Vania. *Back to nature !*

Il disparut dans la forêt.

Père battit Alexandre comme il avait promis. Mais nous pûmes tous voir qu'il n'y mettait aucune conviction. « Ne dessine plus les ombres des gens, mon fils, lui dit-il. Ce n'est pas convenable et cela peut conduire à des méprises. Au point où nous en sommes dans le développement culturel, il faut avancer prudemment. Je ne veux pas dire qu'il te faille réprimer trop complètement tes... heu... facultés d'expression. Mais va. J'y réfléchirai. »

Un peu plus tard, nous vîmes que père passait avec Alexandre beaucoup de temps derrière la paroi d'un rocher qui tombait à pic jusqu'au sol. À plusieurs reprises, l'un ou l'autre revint au sein du feu pour ramasser des braises refroidies. Nous essayâmes bien de voir ce qu'ils manigançaient, mais ils nous chassèrent chaque fois sans cérémonie.

Au bout de quelques jours, ils revinrent triomphalement à la caverne.

– Et maintenant, vous tous, venez voir ! nous crièrent-ils.

Nous nous précipitâmes. Et là, grandeur nature et magnifique, chaque poil hérissé, un mammouth venait à nous, énorme et noir ! Les tantes hurlèrent de peur et s'enfuirent ; les enfants escaladèrent les arbres dans toutes les directions. Seuls Oswald, Tobie et moi étions venus armés, et sans perdre un instant Oswald lui décocha un dard, qui rebondit sans pénétrer. « Derrière l'oreille, les gars, hurla-t-il, vite, avant qu'il ne charge ! » Mais nos traits rebondirent à leur tour sur le mammouth imperturbable. C'est alors que nous vîmes père plié en deux, et s'esclaffant avec Alexandre.

– Allons, remettez-vous, dit père. Nous venons d'établir un principe psychologique de première importance.

– Mais c'est bien un mammouth ! dit Oswald. Je pourrais jurer...

Il hésita.

– Quoi ? dit père.

– Que je l'ai vu bouger, marmonna Oswald.

– N'est-ce pas ? dit père.

– C'est l'ombre d'un mammouth, dis-je. Mais où est le mammouth ? Par où est-il parti ? demandai-je vivement.

– Traquons-le ! dit Oswald excité. Je parie que je l'ai blessé !

– Le cerveau d'un chasseur prend tout affreusement au pied de la lettre, dit père. La prochaine fois nous dessinerons une antilope.

Fort peu de temps après, quoi qu'il en fût, Oswald et moi poursuivîmes bel et bien un grand mammouth blessé, et l'achevâmes. C'était l'image crachée de la silhouette. Et quand toute la horde en eut avalé la plus grande part, je me demandai si l'ombre en serait affectée. Le lendemain du banquet – c'était une belle matinée claire et fraîche, comme toujours quand il a plu la nuit – j'allai la voir : elle avait disparu. Je revins en courant pour annoncer la nouvelle.

Père en fut atterré. Il se refusa, tout d'abord, à me croire. Mais il dut bien admettre, pour finir, que j'avais dit vrai. Pendant près d'une heure il contempla, les yeux ronds, la roche humide et nue. Puis il dit :

– Il doit y avoir une explication naturelle, simple et intelligible.

– Oh, toute naturelle, en effet, dis-je : l'ombre est à l'intérieur de nous, ensemble avec le mammouth.

– Ernest, mon fils, dit père, avec une cervelle aussi subtile, tu iras loin. Et même trop loin, si nous la laissons se surchauffer. Va, et taille-moi des silex jusqu'à ce que je te dise d'arrêter.

C'était une occupation mortellement monotone, pour un intellectuel. Et ma délivrance ne vint que beaucoup plus tard.

7

Jusqu'à l'éclosion soudaine de ce talent, je ne tenais Alexandre qu'en piètre estime. Mais à présent, je ressentais à son égard un respect grandissant. Très vite, il devint fort adroit dans l'art de capter les ombres d'animaux de toutes sortes, pour les fixer sur les roches. Il s'attira un public nombreux et admiratif. Pour moi, je fus de plus en plus certain que la corrélation[1] entre l'ombre ainsi captée, son transpercement symbolique, et la mise à mort ultérieure, pouvait être largement démontrée. Et il sautait aux yeux que cela comportait des conséquences d'une grande valeur pratique – de fait, comme eût dit père, des possibilités prodigieuses. Quant à lui, père, je trouvais qu'il méditait exagérément sur la façon dont les œuvres d'Alexandre disparaissaient à la suite de nos chasses, puisqu'en vérité c'était l'évidence même.

– Des chefs-d'œuvre, assurait-il. Des primitifs superbes ; une technique brillante, une composition robuste – et tout cela destiné à disparaître ! disait-il amèrement. Jamais, mon pauvre Alexandre, la postérité ne pourra te rendre justice. Je doute que tes œuvres seraient beaucoup plus durables dans une caverne, mais pourquoi n'essayerais-tu pas quand même à l'intérieur ?

– Parce que je n'y vois goutte, dit Alexandre.

– Oh, psalmodia père, que ne donnerait-on pour la lumière et l'eau courante ! et il s'en fut en soupirant.

Père jouissait pourtant, en général, d'un excellent tempéra-

1. Lien.

ment. On le voyait presque toujours de bonne humeur, il était vif et affairé, trouvait du boulot pour chacun, surveillait tout. Tantôt il discutait avec les tantes de la meilleure façon d'apprêter les peaux (il n'avait pas été long à mettre en pratique son idée de fourrure amovible), tantôt il étudiait la résistance des lianes à la traction, ou bien encore il se creusait la tête sur ce qu'on pourrait faire des bois de cerf abandonnés.

« Le secret de l'industrie moderne, c'est l'utilisation intelligente des résidus », déclarait-il, et puis, d'un bond, il remettait sur ses deux pieds un bébé rampant à quatre pattes, le fessait et rabrouait mes sœurs : « Quand donc comprendrez-vous qu'à deux ans un enfant doit savoir trotter ? Quelle éducation ! Si vous le laissez rétrograder vers sa tendance instinctive à la locomotion quadrupède, si cette habitude ne se perd pas, tout est perdu ! Nos mains, nos cerveaux, tout ! N'allez pas croire que nos progrès depuis le lointain miocène, je les laisse mettre en péril par une poignée de filles paresseuses ! Faites-moi tenir ce garçon sur ses jambes postérieures, mademoiselle, sinon ce sera le vôtre, de postérieur, qui aura du bâton, je vous en avertis ! »

Oui, en temps ordinaire, pas d'homme plus gai que père. Néanmoins, vers cette époque (c'était de nombreuses, très nombreuses lunes après notre déménagement), il commença d'être sujet à des périodes de dépression mentale. C'était inexplicable, car jamais encore nous n'avions joui d'une telle prospérité. Mais quand nous, les garçons, revenions de nos parties de chasse, ployant sous le gibier, père ne nous accordait qu'un regard maussade et grommelait : « Bon, bien, de l'antilope, du babouin, du loubale. Parfait. Très savoureux. Mais dites-moi, garçons : qu'avez-vous fait de *neuf* ? »

Qu'entendait-il par là ? Nous lui contions les péripéties de nos chasses, et il nous écoutait, au milieu des femmes ; mais pour finir il concluait toujours : « Mais oui, mais oui, très bien. Mais voyez-vous, garçons, c'est toujours la même vieille histoire. Je ne vois rien de *neuf*, dans tout ça. »

– Mais p'pa, protestait Oswald, qu'est-ce qu'on peut faire de neuf dans la chasse ? Nous faisons ce que vous nous avez appris. Est-ce que nous devrions maintenant courir après le lion ?

– Mais non, quelle idée, ce n'est pas ce que je veux dire, répondait père avec agacement. Chasser le lion, il faudrait le faire de loin et ça demanderait... – eh bien, voilà justement la question. Vous êtes contents de votre équipement ? Ça vous suffit, vos lances ?

– Bien sûr, p'pa, on ne peut pas faire mieux, dit Oswald.

– C'est ça, dit père impatienté. Et toi, me lança-t-il, tu es presque un adulte à présent, tu t'en contentes aussi ?

– Eh bien, dis-je, je songe à mettre au point cette magie avec les ombres...

– Sottises ! dit père excédé. Voilà donc mes grands fils ! Et quant à William, il est trop jeune encore pour que je puisse compter…

– Moi, j'ai ça, dit William à l'improviste, de sa voix flûtée.

– Qu'est-ce que c'est ? dit père brièvement, et William lui tendit une boule de poils qui gigotait.

– Un chiot, dit-il. Je l'appelle Chiffon.

Mère s'approcha, inquiète.

– Gare à l'indigestion, dit-elle. Les chiens deviennent vite des coriaces, à force de courir. N'attends pas trop pour le manger et surtout mastique-le bien, mon petit chéri.

– Mais je ne veux pas le manger ! protesta William, et déjà ses yeux s'embuaient de larmes.

– Alors passe-le-moi, dit Oswald, je lui ferai un sort.

– Non ! hurla William, et ses larmes jaillirent. Il est à moi ! Pauvre Chiffon ! Personne ne me le mangera, vous m'entendez ?

– Mais cet enfant devient complètement dingue ! dit Oswald, et il rit de bon cœur.

– Père, dis-je, il va se faire mordre. On devrait le lui prendre.

– Ose seulement, Ernest ! dit William dans les sanglots. Je lui dirai de te mordre, toi, tu vas voir !

– Allons, allons, dit tante Aglaé pour calmer les esprits. Cet enfant a toujours été un peu hystérique, il faisait déjà de ces crises étant tout jeune. Laissez-moi faire, je vais le calmer. Écoute, William chéri, les toutous, ça mord, ça fait pipi partout. Donne-le-moi. Je vais te le préparer et tu l'auras tout seul pour ton souper.

– Idiote ! hurla William en tapant du pied, sale bonne femme ! Je te déteste ! Et le chien se mit à aboyer furieusement. Déjà Oswald se levait d'un air déterminé, mais père le fit rasseoir.

– Un moment, dit-il. Calme-toi, mon petit. Personne ne t'oblige à le manger, ton chien, si tu ne veux pas. Mais alors, qu'est-ce que tu veux en faire ?

– Je veux l'élever, p'pa, hoqueta William. C'est un pauvre

orphelin, et il est trop petit pour suivre la meute. Il grandira et ce sera mon ami. Il est gentil, tu sais – du moins la plupart du temps.

– Mais nom d'une pipe, à quoi te servira-t-il ? éclata Oswald. Plus il deviendra vieux, plus il sera dur à mastiquer. Ne fais pas le bébé !

– Tais-toi, Oswald, dit père. Je l'interroge. Écoute, William, sois raisonnable. Quel ami veux-tu qu'un grand chien jaune et hargneux fasse pour toi ? Il te chipera ta viande, et voilà tout.

– Pas tant qu'il sera petit, dit William d'un air obstiné. Et ensuite, nous irons à la chasse ensemble et nous partagerons le gibier. Ça chasse bien, un chien. Ça court plus vite que nous.

– De toutes les histoires imbéciles..., commença Oswald, et Tobie se mit à rire aussi.

– Silence, tous ! dit père d'un ton sec. Ce n'est pas idiot, dit-il en regardant William d'un air méditatif. Et même voilà qui pourrait bien être, enfin, quelque chose de neuf... Oui, ma foi, plus j'y réfléchis, plus je me dis qu'on pourrait goupiller quelque chose... Et même il y a toutes sortes de chiens : ceux qui chassent en courant, ceux qui chassent à l'arrêt, ceux qui rapportent – les possibilités sont prodigieuses ! William, mon petit, quel est exactement l'état de vos relations, entre ce clebs et toi ?

– Eh bien, p'pa, dit William sur la défensive, je lui apprends à faire le beau, et à mendier son os. J'y suis presque arrivé.

– Fais voir, dit père.

William saisit le chien par le cou pour le maintenir à terre, et prit de l'autre main le pilon[1] d'une autruche, qu'il tint à bonne hauteur.

– Il doit se mettre sur son derrière et attendre que je lui donne son os, explique William. Et après je lui apprendrai à dire « merci » avec ses pattes de devant, et après à obéir quand je dirai « couché » et après...

– Oui, oui, dit père. Je vois que tu as élaboré ton programme soigneusement, mais montre-nous maintenant comment il fait le beau pour mendier son os.

– Bon, dit William.

Il me parut peu rassuré.

– Allez, Chiffon, dit-il, faites le beau ! Allez : le beau, brave toutou...

Le chiot se tortillait, grondant et happant sous l'emprise de William. Celui-ci le lâcha et dit encore : « Le beau, Chiffon ! », sur quoi les événements se succédèrent dans un éclair. Chiffon bondit sur ses pattes et mordit férocement William à la main. William hurla : « Vilain ! » et laissa tomber le pilon. Le chien bondit sur le pilon et s'enfuit entre les jambes d'Oswald. Oswald voulut le frapper mais le manqua, et dans une explosion de jurons s'affala sur le trou à ordures. Je lançai une trique mais ce fut Alexandre qui la reçut derrière les genoux. Alexandre en tombant heurta du coude le ventre de tante

---

1. Morceau de la cuisse.

Barbe[1]. Tante Barbe tomba dans les braises, hurla, et voulut se relever en s'accrochant aux cheveux de tante Amélie. Tante Amélie hurla aussi et toutes les tantes alors braillèrent ensemble à la lune, comme un chœur de pleureuses[2].

William, sitôt qu'il eut fait des excuses hâtives à la ronde, s'élança pour rattraper le chien, et ma sœur Elsa le suivit. Mais, tandis que mère appliquait des feuilles de platane sur le postérieur de tante Barbe, elle revint haletante. « Il s'est échappé », dit-elle.

William revint à son tour fourbu, mais bredouille. Nous ne revîmes jamais Chiffon.

– Te voilà, toi, dit père quand il rentra. Je crains que tu n'aies voulu t'attaquer à trop forte partie, mon petit. C'est dommage.

– Non, je suis sûr que j'ai commencé par le bon bout, dit William en reniflant et en léchant sa main. Si on les attrape tout jeunes et qu'on soit gentil...

– Peut-être, peut-être, dit père, pince-sans-rire. L'ennui, ce sera comment s'y prendre s'ils veulent rester sauvages. Fais voir ta main. Si ça s'infecte et que tu meures, tu seras un martyr du progrès, ajouta-t-il aimablement. Allons, ne te décourage pas, mon fils. C'est déjà quelque chose, à ton âge, d'être en avance sur son époque. Alexandre et toi avez bien travaillé. Espérons que plus tard, dit-il, ces belles promesses de l'enfance printanière ne s'évanouiront pas dans les séductions de la chasse.

---

1. Sainte Barbe est la patronne des pompiers.
2. Dans certaines cultures, femmes payées pour pleurer aux funérailles.

Et il nous jeta un drôle de regard, à Oswald et à moi.

– Que cela vous serve d'exemple, grands cornichons que vous êtes. Faites marcher vos cervelles ! Il nous reste beaucoup à réfléchir, dit-il sentencieusement, encore plus à apprendre, et un très long, très long chemin à parcourir. Mais pour aller où ? murmura-t-il d'un ton soudain songeur. *That is the question*[1].

– Il vous reste surtout, dit mère, beaucoup à mastiquer. Si vous ne finissez pas cet éléphant, il va devenir immangeable.

Père la regarda, se servit de plat de côtes.

– Voilà, ma chère, convint-il, un argument de poids. Sans doute le fond du problème. Oui, il y a un bon bout de temps que cela me tourmente. J'ai calculé, *grosso modo*, que nous passons un tiers de notre vie à dormir, un tiers à courir derrière la viande, et tout le reste à mastiquer. Où prendre le temps pour méditer ? Ce n'est pas avec cette sorte de remâchage-là que nous ruminerons nos connaissances, assouplirons nos réflexions. Si nous voulons pouvoir considérer nos objectifs avec plus de recul, il faudrait pouvoir reposer de temps en temps nos mandibules[2]. Sans un minimum de loisir, pas de travail créateur, par conséquent pas de culture ni de civilisation.

– Qu'est-ce que c'est, la culture, p'pa ? demanda Oswald la bouche pleine.

– Voilà, venant de toi, une question qui s'impose, en effet,

---

1. « Telle est la question », allusion au célèbre monologue d'*Hamlet* de Shakespeare.
2. Mâchoires.

dit père d'un ton sarcastique[1]. Il n'est pires sourds que ceux qui ne veulent pas entendre.

– Mais, p'pa, demandai-je, où voudrais-tu aller ? Nous sommes très confortables, ici.

– Confortables ! grommela père. Sottise ! Pour un peu tu vas me dire que nous sommes parfaitement adaptés à notre milieu. C'est ce qu'ils disent tous quand ils sont fatigués d'évoluer. Dernières paroles du spécialiste, juste avant qu'un autre spécialiste encore plus spécialisé n'arrive pour en faire son dîner. Combien de fois, Ernest, devrai-je répéter ces choses-là ? Parfois tu me donnes l'impression pénible qu'entre tes deux oreilles, l'air est pur, la route est large. Et voilà le couronnement d'un million d'années de labeur évolutionnaire ! Pfouh !

Je sentis mes oreilles rougir violemment.

– Mais, p'pa, combien plus loin nous faudra-t-il encore aller ?

Père posa sa côte d'éléphant, joignit les mains par le bout de ses doigts.

– Eh bien, fils, voilà, cela dépend. Cela dépend d'où nous sommes actuellement.

– Et où sommes-nous ? demandai-je.

– Ah, ça, vois-tu, je voudrais bien le savoir, dit père étrangement, d'une voix soudain triste et méditative. Je voudrais bien. Je *crois* que nous sommes vers le milieu du pléistocène[2]. J'aimerais pouvoir supposer que nous avons atteint le pléisto-

---

1. Moqueur.
2. Période qui suit le pliocène au début du quaternaire ; correspond au paléolithique (âge de la pierre taillée).

cène supérieur ; mais quand, dit-il entre ses dents, je vous écoute, Oswald et toi ; et quand je vous regarde... j'en doute, j'en doute très sérieusement. Peut-être que si William et Alexandre décrochaient quelque chose... Mais j'ai bien peur que leurs idées ne dépassent leurs capacités de plus d'une longueur...

Il soupira, et quand il reprit sa voix était plus basse encore, et hésitante.

– À vrai dire, murmura-t-il, je me demande, à certains moments – il soupira – ... je me demande si nous avons seulement dépassé le pléistocène inférieur...

Et il se tut.

– Tu t'es trop surmené, mon chéri, dit mère en lui tapotant la main. J'aimerais te voir te reposer. Prends un peu de vacances.

Mais père secoua la tête. Il avait un visage tourmenté par le doute, un masque presque tragique. Il devint tout à fait silencieux, et l'on n'entendit plus, avec les craquements du feu, que ceux des *pediculae antiquae*[1] dont les femmes s'épouillaient mutuellement leurs longues tignasses plates. Ce silence pesant devenait presque insupportable. Pour le briser, je dis :

– Est-ce qu'on ne pourrait pas découvrir où nous en sommes, p'pa ?

Père sembla s'éveiller. Il me regarda, sourit, et dit :

– Si, peut-être, fils, peut-être. Mais uniquement par des

1. Nom latin des poux.

méthodes indirectes. Par exemple, si jamais d'aventure nous venions à rencontrer un cheval avec trois doigts de pied, qu'on appelle hipparion[1], eh bien, cela voudrait dire que nous sommes à peine sortis du pliocène[2], et alors, fils, quel coup de collier il nous faudrait donner ! Des zéros, tous, autant que nous sommes, de simples zéros, voilà ce que nous serions relativement parlant.

– Je n'ai jamais rencontré d'hipparion, dit Oswald.

– Et j'espère bien que tu n'en verras pas ! dit père. Encore que ces modèles désuets aient une certaine tendance à s'attarder. Il se pourrait qu'ils aient duré jusqu'au pléistocène inférieur, et tenez, ce vieux chalicothérium, il en reste des tas, même encore maintenant.

Bien que ces réflexions l'eussent un peu soulagé, semblait-il, père, au cours des semaines suivantes, se montra nerveux et morose. Je ne pouvais pas concevoir l'importance qu'il donnait au fait de savoir où nous en étions, dans l'ère géologique. Pourquoi se dépêcher ? Tout me semblait aller admirablement : sous le bon soleil nourrissant et la pluie rafraîchissante, un monde pétulant[3] s'affairait. La terre palpitait et tremblait sous nos pieds. Les volcans grondaient avec entrain, déversant une lave épaisse sous des rouleaux de fumée noire. De pesantes odeurs sulfureuses[4] imprégnaient l'atmosphère, et quand les nuages

1. Mammifère ongulé que l'on trouvait à la fin du tertiaire.
2. Fin de l'ère tertiaire ; succède au miocène.
3. Fougueux, impétueux, plein d'énergie.
4. De soufre.

déroulaient leurs volutes jusqu'en Afrique à mesure que les glaciers descendaient vers le sud, il se formait un *smog*[1], un lourd brouillard fumeux qui nous faisait tousser. Sur les nappes de vase glougloutante, les geysers bouillonnaient, et des jets de vapeur jaillissaient en sifflant des soupapes de sûreté éparses sur le sol mince des vallées. Les forêts se lançaient à l'assaut des montagnes, qui repoussaient l'envahisseur en lui versant dessus de la poix[2] bouillante. Chaque plante disputait à ses concurrentes la clientèle des oiseaux, des abeilles. En matière de fleurs et de fruits, les modes se succédaient selon une cadence, une variété fabuleuses. Chaque espèce s'échinait pour se montrer plus prolifique[3], plus ingénieuse que toutes les autres, et justifier ainsi sa prétention à être la plus apte à survivre. Ce modèle échevelé de libre entreprise prouvait bien que l'intérêt personnel éclairé produit la plus grande richesse et nourrit le plus grand nombre. Ô doux lundi matin du monde ! Ô Afrique, le plus progressiste des continents, berceau de la subhumanité ! À chaque jour suffit sa peine et sa magie, pensais-je. N'étions-nous pas les maîtres de la pierre, les dompteurs du feu, ne pouvions-nous narguer toute la création ? Je trouvais, moi, que le monde avait fichtrement bonne mine !

Mais père n'aurait pas été père, s'il n'avait pas voulu encore quelque chose de mieux. Il ne lui suffisait pas d'avoir importé d'un volcan du feu de confection, il voulait nous voir le manufacturer nous-mêmes :

---

1. Mot anglais, « brouillard ».
2. Substance visqueuse et collante à base de résine.
3. Fertile.

– C'est ridicule ! dit-il, quand le foyer se fut étouffé pour la dixième ou la centième fois. Ainsi, à chaque coup que vos tantes, que ces têtes de linottes laisseront le fourneau s'éteindre, il me faudra grimper sur une montagne de quatre mille cinq cents mètres ? C'est intolérable, à mon âge. Mais puisque tout espoir est perdu d'améliorer vos tantes, et même vos mères respectées, il faut trouver autre chose.

– Mais quoi, p'pa ? objectai-je. La combustion spontanée, ça n'existe pas. Ou alors c'est de la magie.

– Et ça, espèce de lémuroïde[1] ? dit père. Regarde-moi ça ! Tu ne t'es jamais demandé ce que c'est, *ça* ?

Il me montrait les étincelles qui, de temps à autre, s'envolaient du silex que Tobie travaillait. Mais l'idée de comparer, à la tempête chaude et furieuse de nos brasiers, ces froides lucioles mort-nées, ne me serait jamais venue ! C'était comme comparer une chenille à un mammouth.

– C'est l'âme de la pierre, dis-je. D'ailleurs, si c'était du feu, les pierres pourraient brûler.

– Il y en a qui le peuvent, je les ai vues faire, grommela père, sans prêter aucune attention à mes idées, comme d'habitude. Mais maintenant je riais sous cape devant les vains efforts qu'il faisait pour capter les minuscules étoiles qui jaillissaient des silex de Tobie. Il partait du principe que si l'on peut porter du feu à partir des étincelles que projette un tison, il n'y avait pas de raison pour qu'on ne puisse le faire à partir de celles que

1. Qui a la forme d'un lémurien.

projette un silex. Mais quand, n'y parvenant pas, il finissait dans sa colère par jeter les pierres dans le feu, elles s'éteignaient tout simplement.

Il disait que si l'on frappait un silex assez souvent et violemment, il s'échauffait et se fâchait, comme nous le faisions nous-mêmes quand il nous battait. Cela devrait donc être vrai aussi pour deux bâtons, et il essaya. Et quand en effet les bâtons s'échauffaient de rage et d'efforts, père s'attendait à tout instant à les voir éclater en flammes. Mais il ne se produisait jamais rien de la sorte. Sa seule consolation, c'était d'avoir découvert que si l'on souffle sur des cendres mortes, parfois elles se réveillent. C'était le vent qui l'avait mis un jour sur cette voie. Mais il ne parvenait jamais à dépasser ce point. Les braises devaient toujours provenir du feu-père d'un volcan, à quelque degré lointain de parenté que ce fût. Il essaya pendant des mois, sans se décourager. Mais souvent, haletant, il abandonnait ses efforts et s'en prenait à moi avec rage.

– Bon sang, Ernest, tu ne feras donc jamais rien pour m'aider ? Tiens, prends ce bâton, et cogne-le-moi sur l'autre jusqu'à ce qu'il s'échauffe – chaud, chaud, brûlant, te dis-je !

Je faisais comme il me commandait, mais je savais bien que c'était du temps et des efforts perdus. Je n'étais pas un volcan et j'en avais vite assez. Alors père m'aiguillonnait à l'aide des massacres de bêtes que j'avais tuées, ce qui était douloureux à différents endroits, et humiliant. Je me remettais au travail. Mais c'était inutile, père le savait aussi bien que moi.

C'est environ de ce temps que l'oncle Ian revint.

8

Ian était un petit homme trapu[1], aux jambes arquées. Il avait le cheveu roux, la barbe maigrichonne, rousse elle aussi, l'œil très bleu et vif. Des cicatrices couvraient son corps. Et pour peu qu'on lui demandât : « Et celle-ci, oncle Ian, comment que tu l'as eue ? », chacune déclenchait une histoire passionnante.

Tante Gudule le flaira la première et en reconnut l'odeur à une grande distance. Aussi vive qu'un dard en vol elle s'élança en s'écriant : « Ma doué ! V'là mon p'tit homme qui vient ! »

Elle nous le ramena en triomphe.

– Eh bien, Ian, mon vieux, ça fait plaisir de te revoir, lui dit père, et il lui entoura de son bras, dans une brève étreinte, les larges épaules.

– Bienvenue au foyer, dit mère, et nous répétâmes tous en sautant sur place :

– Bienvenue, bienvenue, oncle Ian !

Ensuite il fit cérémonieusement le tour du cercle de famille, s'assurant qu'il reconnaissait tout son monde.

– Ah, Barbe, je n'ai point oublié ton pauvre Tony. Aglaé, tu n'as pas pris un jour de plus, pas un seul. Amélie, ma doué, comme te voilà devenue sage ! Mais qui est-ce, celui-là ? Oswald ? Grand Dinornis[2] ! ai-je été absent si longtemps ? Te v'là quasiment un homme, à présent. Et ça, c'est-y point

1. Costaud.
2. Oiseau (fin du tertiaire).

Ernest ? Je n'ai point souvenance de ton visage, petiot, mais ton odeur, celle un peu aigre de l'éléphant quand il prépare un mauvais tour, je ne l'oublierai point. Alexandre ? Tobie ? William ? Toute une bande de nouveaux ! Eh ben, eh ben, mes amis, pas à dire mais vous avez un coin vachement chouette, par ici.

Père était aux anges de lui faire visiter son domaine, avec toutes ses améliorations, à commencer, bien sûr, par le feu.

– Ils l'ont en Chine aussi, dit oncle Ian.

– Quoi ? s'exclama père. J'ai du mal à le croire !

– Si, si, ils l'ont, répéta l'oncle Ian. Ils sont toujours les premiers pour tout.

– Savent-ils en *faire* ? demanda père, inquiet.

– Ça ne m'étonnerait point, dit oncle Ian, mais il avait marqué une légère hésitation.

– Je te parie que non, dit père d'un ton cassant. Nous avons décidément une avance technologique, nous autres ici.

– Parce que vous, vous savez en faire ? dit oncle Ian.

– Pas absolument, dit père, mais nos travaux sont en bonne voie, et nous pouvons prévoir avec confiance que, dès la fin des expériences en cours, nous serons en mesure d'annoncer...

– Voui, dit oncle Ian, et il se mit à sucer une dent creuse. Et Vania, que devient-il ?

– Toujours sur la branche, dit père, vexé.

L'oncle perdu et retrouvé fut régalé avec les meilleurs morceaux dont nous disposions : côtes premières de mammouth, escalopes de chalicothérium, cuissot de zèbre, épaule d'agneau et hure[1] de sanglier. Comme entrée, cervelles de babouin et œufs de crocodile, garnis de sang caillé de tortue dont tante Gudule se souvenait qu'il était friand.

– Repas de roi, dit oncle Ian quand le dernier os à moelle lui tomba des mains. N'en ai point fait de pareil depuis Chou-k'ou-tien[2].

– Où est-ce ? En Chine ? grommela père, et Ian acquiesça.

Après dîner, oncle Ian dut s'exécuter, et commencer le récit de ses voyages. Récit épique et qui, bien entendu, dura des jours et des semaines. Chaque soir nous empilions une montagne de branches sur le feu, et nous nous accroupissions en cercle autour de lui, munis qui d'un os à ronger, qui d'une lance à aiguiser, qui – surtout les femmes – d'une peau à racler, ou de lianes à tordre pour les pièges. Oncle Ian était le plus grand voyageur que j'aie jamais connu. Il avait ça dans le sang. Il ne pouvait rester en place, et je crois qu'il avait visité toutes les terres accessibles sous le soleil, et vu et observé tout ce qu'on peut y voir. Pas étonnant qu'il eût mis si longtemps à revenir.

– Ça ne vaut pas le coup de descendre vers le sud, en Afrique, disait-il. Le pays est joli, mais c'est un cul-de-sac. Au-delà, rien que la grande bleue. Pays très arriéré, en plus. Vous tombez sur quéque chose qui a l'air, à première vue, d'un pithécanthrope tout à fait prometteur, presque aussi droit que nous,

1. Tête.
2. Site préhistorique chinois où a été découvert l'« Homme de Pékin ».

la tête haute, les épaules larges, mais quand il se retourne – misère ! Rien qui ressemble à une calotte crânienne, et par là-dessous le visage d'un gorille. Et le vocabulaire aussi : vingt ou trente mots, pas beaucoup plus. Quant à leurs pierres taillées, c'est si piteux que c'en est attendrissant.

– Ça ne promet guère qu'ils puissent aller plus loin, dit père et il se frotta les mains de satisfaction.

– En effet, j'en doute, dit oncle Ian. Non, en Afrique, le mieux c'est vers le nord. Chasse facile, nourriture abondante, et de l'eau à gogo tout au long. D'abord vous traversez une sorte de forêt. Ma doué ! qu'elle est épaisse, qu'il y fait chaud ! Soit dit en passant, les gens, par là, c'est la peau noire qu'ils ont adoptée.

– Noire ! s'exclama père. Mais c'est extravagant ! Pour quoi faire ?

– Dans leur idée ça les protège du soleil, et on les voit moins sous les arbres, dit oncle Ian.

– Erreur, grave erreur, dit père, ça ne donnera rien de bon. Pour moi, du point de vue évolutionnaire, la question est réglée : la seule couleur raisonnable pour la peau humaine, c'est le kaki ou le brun doré. La couleur du lion et du veld[1] : on disparaît dans la savane.

– Ici, d'accord, mais va donc essayer sur la côte de Guinée... Après cette forêt, reprit Ian, vous arrivez au Sahara, et alors ça, c'est l'paradis terrestre ! Des collines verdoyantes qui mouton-

---

1. Steppe recouverte d'herbe que l'on trouve en Afrique australe.

nent à perte de vue, coupées de larges fleuves, de ruisseaux innombrables où coule une eau fraîche et pure, pullulant de poissons. Des montagnes superbes, vêtues de chênes, de frênes et de hêtres. Et puis, ma doué, quels pâturages ! Jusqu'à l'horizon de l'herbe juteuse et fleurie, où galopent des troupeaux, élans, chevaux, zèbres, antilopes, où paissent les moutons et les buffles...

– Des hordes ? demanda père brièvement.

– Oui. L'espèce y est bien établie. Les territoires de chasse exactement délimités. Quoique non parfois sans rouspétance. Mais il y a très largement pour tous, et même plus. Va vers le nord, jeune homme, l'avenir est là ! dit-il à Oswald dont les yeux brillaient. C'est une vie nouvelle qui t'attend, là-haut dans les grands espaces ouverts du Sahara ! J'ai failli moi-même m'y établir. Et puis non : j'ai voulu voir ce qu'il y avait plus loin. Eh bien, ce qu'il y a, c'est un lac considérable, bien plus grand que ce qu'on peut trouver, en fait de lacs, dans toute l'Afrique. Il y a là d'autres pithécanthropes qui vivent essentiellement de crustacés, sans s'en faire, ils ont la bonne vie. Le lac est si énorme qu'il a l'air de vous barrer la route ; mais si vous le longez vers le couchant, vous finissez par trouver un isthme très étroit, entre ce lac et l'océan. La circulation y est fabuleuse : des mammouths, des loups, des ours qui montent vers le nord, et des foules de girafes, de lions, d'hippopotames, de tas d'autres encore, qui font route vers le sud : ça devient, en Europe, trop froid pour eux. Moi-même, qui ne suis pas frileux, j'ai trouvé qu'il faisait nettement frisquet sur les Pyrénées, il y avait de la neige, plus épaisse que sur les montagnes de la Lune. Et de là-haut, je voyais de la glace par billiards de tonnes qui descendait et couvrait tout.

– Mais oui, dit père d'un air agacé, tout le monde sait que nous sommes dans une ère glaciaire. Seulement, laquelle ? Voilà toute la question. Et elle est d'importance.

– Sais pas, dit Ian. Mais ce que je sais, ma doué ! c'est qu'il f'sait fichtrement froid ! Je suis allé jusqu'en Dordogne, il y avait des rennes à profusion.

– Des rennes, qu'est-ce que c'est, oncle Ian ? demanda Oswald.

– Des espèces de cerfs, conditionnés pour les très basses températures, dit oncle Ian. Il y en avait partout, et les néandertaliens[1] leur couraient après.

– Un autre genre d'hominidés[2] ? dit père, très excité.

– Ça, je ne sais pas. Ils sont très différents. Ils sont couverts de poils comme des chèvres géantes. Ça les protège du blizzard.

– Grands ?

– Non, plutôt petits : je les dépassais d'une demi-tête, ça nous a rendu d'ailleurs le commerce plus facile. Ils sont marrants ! Ils ont assez l'air d'orangs-outans, avec leurs grosses poitrines sonores, leurs genoux pliés et leur façon de marcher sur le bord extérieur du pied, comme les bébés. Pas plus de cou ni de front qu'un babouin, et pourtant pas bêtes pour un sou, ma

1. Espèces d'*Homo sapiens* du pléistocène moyen, aujourd'hui disparu.
2. Primates de la famille des *Homo sapiens*.

doué, non ! Ils ont le crâne, à ce qu'on dirait, tout boursouflé par la cervelle, par-dessus les oreilles. Et ils vous taillent de ces silex ! À mettre en vitrine, mon vieux ! Le plus marrant, c'est les idées qu'ils ont. Ça leur vient des longues nuits qu'ils passent dans leurs cavernes, à rêver et à se raconter des histoires.

– Quelles sortes d'idées ? demanda père.

– Ça, je te dirai, c'est trop métaphysique pour moi. Moi j'suis plutôt du genre pratique. Par exemple, ils enfouissent leurs morts dans la terre[1].

– Oh ! dit père, quel gaspillage !

– À leurs yeux, c'est le contraire, dit oncle Ian.

– Et tous ces poils, je n'aime pas beaucoup ça, dit père. Trop spécialisé.

– Ce qui les embête le plus, le fait est, dit Ian, ce sont leurs dents. Ils les ont tous mauvaises, et ils en souffrent. D'arthrite, aussi. M'est avis, ça ne m'étonnerait pas, que sans ça ils marcheraient plus droit. Le climat est affreusement humide.

– Je me demande, dit père songeusement, à quel moment ils ont ramifié depuis la souche mère. Quelque part au début du pliocène, j'imagine. Sais-tu si l'union avec eux est fertile ?

– Ça, avança prudemment oncle Ian, je ne peux pas en être sûr. Au moins jusqu'à ce que j'y retourne. Mais, dit-il modestement, j'aurais tendance à le croire. Je ne manquais pas d'un certain succès. Quand même les pépés là-bas m'appelaient « tête-de-môme ».

1. Comme dans le gisement de la Ferrassie à Savignac-de-Miremont en Dordogne.

– Normal, tout à fait normal, dit père. Il joignit ses doigts dans le geste familier, et se racla la gorge. Notre développement, vois-tu, est pædomorphe, d'où il suit...

– Oui, eh bien, depuis les Gaules je ne pouvais que repartir vers l'est, reprit oncle Ian. J'ai suivi le grand lac pour éviter la steppe et la toundra et j'ai pu constater que l'*Homo neandertalensis* avait creusé son trou un peu partout dans les Balkans[1]. De caverne en caverne, et non sans mal, j'ai fini par atteindre la Palestine. C'était en pleine bagarre.

– Entre qui ?

– Entre immigrants d'Afrique et néandertaliens.

– Pas assez de gibier ? demanda père.

– Que si ! Tout abonde dans ce pays, il pisse le lait et le miel. Mais y a quéque chose dans l'air qui vous rend agressif. Ils se battaient et s'appariaient. Drôle de jeu.

– C'est plus ou moins la même chose, dit père. Mais faut surveiller ça : en plein pléistocène, des singes velus qui se croisent en Palestine avec des singes pelés, savoir ce que ça va donner ?

– Des prophètes barbus vivant de miel et de sauterelles[2], m'aventurai-je à dire.

– N'essaie pas de faire de l'esprit, grommela père, ce n'est pas ton genre. Continue, Ian. Où es-tu allé ensuite ?

– En Inde, via l'Arabie, dit oncle Ian. L'Arabie, c'est comme

1. Région montagneuse d'Europe méridionale.
2. Voir Évangile de Matthieu, 3, 1-4.

le Sahara : tout vert et luxuriant mais, ma doué, quelle pluie ! En Inde j'ai rencontré un nouveau carnassier, le tigre qu'ils appellent ça, le tigre incandescent dans la forêt nocturne. Version drôlement carabinée du smilodon[1]. Mais vivement le vieux machérode, tu peux me croire ! Mes nuits en forêt, là-bas, j'en ai passé la plupart en haut des arbres, et je vous dis que je n'en ai point honte. Un peu plus loin, je me suis trouvé nez à nez avec une famille de sous-hommes, une autre variété.

– Encore une ? dit père inquiet.

– Encore une, mais n'te fais pas d'cheveux, Édouard. Des laissés-pour-compte, complètement désuets. Moitié grands comme nous, et pas plus de crâne qu'un macaque derrière leurs sourcils en promontoire. Et c'est macaque que j'les aurais appelés, mais le fait est qu'ils marchent debout, et qu'ils ont une mâchoire triangulaire de sorte qu'ils peuvent parler – oh, un sabir[2] incroyable, du genre : « Moi grand singe y en a long-long javelot », enfin tu vois ça. Si j'avais eu le temps je crois que j'en aurais fait de bons porteurs, du reste je n'avais rien à leur faire porter, aussi j'en ai assommé quelques-uns et après ça me revoilà parti. Et je suis arrivé en Chine. Et là, Édouard, j'ai rencontré à Chou-k'ou-tien des prototypes très intéressants, oui, ils t'intéresseraient beaucoup. Ils vivent dans des cavernes, et d'abord je les ai pris pour des gorilles, mais ils se tiennent beaucoup plus droits et ils fabriquent des coups-de-poing tout à fait

1. Félin à dents de sabre.
2. Langage incompréhensible.

convenables. Comme je t'ai dit, eux aussi se sont procuré de ce feu sauvage de manière ou d'autre, et ils n'en sont pas peu fiers, eux non plus. Mais si tu veux savoir, je les trouve plutôt stagnants. C'est une tendance qu'ont toujours un peu les Orientaux. Ils m'ont dit que plus au nord, il y avait un modèle plus grand[1], dans les neiges de Tartarie, quatre mètres soixante-dix, qu'ils m'ont dit, et hirsute comme un ours. Mais j'étais pas pressé de faire la connaissance d'un être aussi abominable. D'ailleurs j'en avais marre des sinanthropes[2], et j'voulais voir comment allaient les choses en Amérique.

– Ah oui ! dit père avec enthousiasme. Comment l'as-tu trouvée, toi, l'Amérique ?

– Je ne l'ai pas trouvée, dit oncle Ian tristement. Il faudrait traverser un vrai rideau de glace[3], et personne ne peut, même pas un néandertalien. Pour autant que l'pays n'est pas sous la glace, c'est envahi de glyptodons[4], à ce qu'on m'a dit.

– Mauvais, mauvais, détestable, dit père. Pas encore d'Américains ? Cela signifierait que nous sommes moins avancés encore que je ne le craignais... Je peux à peine le croire.

– Remarque, dit oncle Ian, y a déjà quelque temps d'ça. Peut-être qu'on pourrait réussir à présent ? En fait, je compte y retourner et chercher le passage nord-est.

– Ah non ! Non et non ! hurla tante Gudule. Ma doué !

---

1. Allusion à la légende du Yéti, l'abominable homme des neiges, censé vivre dans l'Himalaya.
2. Fossiles d'*Homo erectus* découverts en Chine, dits « Hommes de Pékin ».
3. Il s'agit du détroit de Béring, entre l'Eurasie et l'Amérique.
4. Mammifères édentés d'Amérique (fin du tertiaire, début du quartenaire).

N'es-tu pas assez fatigué de faire le globe-trotter ? Il est temps de te r'poser, reste ici, mon loulou, tu vas pas m'quitter 'core une fois ?

Oncle Ian la rassura, mais moi je voyais dans ses yeux, dans leur regard lointain, qu'il ne resterait pas bien longtemps avec nous. Hélas, la fin vint encore plus tôt que nous ne le prévoyions.

Il avait montré un vif intérêt pour les expériences de William avec Chiffon, et quand père lui dit « qu'elles étaient trop en avance sur notre époque, que nous n'en étions pas encore là, tout simplement », oncle Ian dit : « Moi, je pense à un animal qui me serait fichtrement utile, si seulement j'parvenais à m'en faire obéir… »

Et puis, un beau matin, éclata un tapage terrible. Nous vîmes foncer sur notre groupe un animal extraordinaire. Le bas d'un cheval, le haut d'un homme, et le tout bondissant, se cabrant, hennissant, proférant des jurons et des cris : « Hé là, sale bête ! » et : « Du calme, espèce de brute ! », et le monstre se dressa furieusement devant le feu, éparpillant la famille dans tous les azimuts. Pendant un court instant, nous vîmes ce que c'était : pas un centaure, mais oncle Ian à califourchon sur un cheval. Mais, aussitôt après, il quitta sa monture, fila droit vers le ciel, virevolta en l'air et retomba, heurtant le sol avec un bruit sourd et lugubre. Nous nous précipitâmes, mais c'était sans espoir : il s'était cassé le cou.

Pendant ce temps, Oswald décochait à l'animal en fuite un

dard juste entre les deux épaules, et le cheval à son tour s'affalait sur le sol, inanimé.

Du coup, nous nous trouvâmes avec deux tragédies sur les bras.

D'une part oncle Ian était mort, et tante Gudule s'évanouissait sur le cadavre du cher grand voyageur.

Et quant au cheval, que Ian voulait monter pour aller plus vite en Amérique, voilà qu'il s'avérait que ce n'était pas du tout un cheval : c'était un hipparion.

9

Quand nous fûmes remis des funérailles de l'oncle Ian, nous restâmes inquiets de l'attitude de père. Ç'avait été un coup très dur pour lui de découvrir que l'hipparion n'était pas encore une espèce disparue. Il parut s'enfoncer dans des méditations intenses. Il restait des heures et des jours accroupi à l'écart, rabrouant quiconque s'approchait de lui. Un matin je m'aperçus qu'il lui était poussé des mèches de cheveux blancs.

Et puis, un autre beau matin, il parut avoir recouvré toute sa bonne humeur. Il réunit ses quatre fils aînés, Oswald, Alexandre, Tobie et moi, et nous ordonna de l'accompagner dans une expédition. Nous supposâmes d'abord qu'il s'agissait d'une partie de chasse, mais à sa façon de s'agiter, de trotter deci de-là pour nous aider dans nos préparatifs, aiguisant et flambant nos dards, choisissant de bons couteaux de pierre pour le voyage, et surtout faisant à ma mère une foule de recommandations, nous devinions qu'il nous préparait quelque chose de tout à fait inhabituel.

Il nous mena vers l'est à travers la forêt vierge. Du moins cela prouvait que nous échapperions à un nouveau cours sur la manipulation des volcans : nous avions laissé les montagnes de la Lune derrière nous, les flammes des monts Kenya et N'Gorongoro sur notre gauche, et pourquoi nous eût-il amenés jusqu'au lointain Kilimandjaro, qui ne crachait plus de feu ? Oswald et moi flairâmes du gibier à plusieurs reprises, mais père nous rappelait sèchement auprès de lui, et nous allions, allions toujours plus loin. Ce ne fut qu'à la tombée du jour qu'il nous permit d'abattre un okapi[1] pour le dîner. Pendant la nuit il nous fallut faire le quart à tour de rôle, car nous n'avions pas de feu.

Le lendemain, le surlendemain furent semblables à la veille ; et s'il devenait clair que père avait en tête un but spécial pour cette expédition, il ne se montrait pas disposé à satisfaire notre curiosité croissante. Non qu'il fût de mauvaise humeur ; mais son regard résolu, le chemin droit comme un I que nous poursuivions, tout cela m'inspirait un pénible pressentiment. Nous marchâmes cinq jours ainsi à la queue leu leu, avec la discipline de fer d'une file de fourmis. Puis père nous laissa nous détendre, et commença de flairer le vent, tâtant de-ci de-là tout en marchant pour saisir une odeur. Nous nous mîmes tous à renifler, mais père ne voulait d'aucune piste qu'Oswald ou moi lui proposions. « Du buffle ? » Il refusait, et nous enchérissions : « De la girafe ? de l'éléphant ? » Mais il secouait la tête en silence. Et quand en désespoir de cause Oswald s'écria : « Du mastodonte ? », il le rabroua : « Ne fais pas l'idiot. » Un peu plus tard, le nez en l'air, il dit : « Ah, cette fois, je crois que nous y sommes. Oui… sûrement, c'est bien eux. »

Nous ouvrîmes nos narines, tous, dans la même direction ; et certainement quelque chose venait de très loin vers l'est, le vent nous en taquinait les muqueuses en de fluettes bouffées, volages, exaspérantes, et c'était une odeur en somme familière, mais nous ne pûmes l'identifier avant que père nous eût dit :

---

1. Ruminant de la famille des girafes mais au cou beaucoup plus court.

« Allons, fils, du boulot nous attend qui nous donnera soif. Buvons un coup de cette eau que je renifle derrière les arbres, et ensuite je vous dirai tout. »

C'était un lac couvert de nénuphars et de flamants roses, et nous trouvâmes sans mal un bon coin pour y boire. Il portait nombre de traces d'animaux, de sorte que nous passâmes d'abord un bon moment à bombarder de pierres chaque tronc d'arbre douteux flottant dans les parages, et tout ce qui pouvait ressembler à des crocodiles. Puis père entra dans l'eau jusqu'aux genoux, il but et se doucha le torse et le visage pour les dépoussiérer, et revint à nous en pataugeant.

– Ça va bien, fils. À votre tour. Passez-moi vos lances. Je monterai la garde pendant que vous vous baignez.

Après nous être ébattus joyeusement, nous regagnâmes la terre à notre tour, bien rafraîchis. Et constatâmes avec surprise que père, au lieu de nous surveiller, s'était éloigné à cinquante pas de là et nous considérait, appuyé contre un copayer[1]. Il avait empilé nos lances à sa portée, entre deux des puissants contreforts, et il nous faisait face, un dard dans chaque main, levés et pointés contre nous.

– Stop ! cria-t-il. Restez où vous êtes. C'est assez près pour nous entendre.

Je compris que nous faisions face à une crise.

Nous nous arrêtâmes.

– Maintenant, fistons, dit père, écoutez-moi bien. Et n'es-

1. Arbre d'Amérique tropicale.

sayez pas de me payer en monnaie de singe[1], autrement dit à coups de pierres : vous êtes à bonne portée et je ne manque pas de munitions. Vous n'auriez pas une chance. Eh bien voilà. C'est tout simple et il n'y a pas de quoi s'émouvoir. J'y ai bien réfléchi, et j'en ai parlé avec vos mères. Vous voici pubères, tous les quatre. Des hommes par conséquent, à toutes fins utiles. Oswald a passé quinze ans, Ernest en a un de moins, Tobie à peu près le même âge, Alexandre s'en approche aussi. Je vous ai mis en mesure de gagner votre vie : vous êtes rompus à la chasse, vous savez vous débrouiller dans la forêt, la savane, la montagne et le reste. Tobie vous dépasse tous dans la manufacture des outils de silex, mais enfin vous avez quand même un bon entraînement. De plus, et c'est exceptionnel à votre âge, vous savez comment vous procurer le feu sauvage et comment l'entretenir. Donc il est temps pour chacun de vous de se trouver une compagne, et de fonder une famille, pour la prospérité de l'espèce. Voilà pourquoi je vous ai amenés jusqu'ici. À dix lieues vers le sud il y a une horde…

– Voilà ! Voilà ce qu'on sentait ! s'exclama Oswald. Des débris de cuisine, des pithécanthropes, j'aurais dû les reconnaître !

– Il y a une horde, répéta père, où vous trouverez les compagnes qu'il vous faut.

– Mais p'pa, m'étonnai-je, nous avons tout ce qu'il nous faut à la maison ! Moi je prendrai Elsa, et les autres…

1. Par de belles paroles.

– Rien de la sorte, coupa père. Tu prendras une des filles de là-bas.

– Mais c'est tout arrangé, p'pa ! m'écriai-je. C'est ridicule !

– Les types s'accouplent *toujours* avec leurs sœurs, appuya Oswald, c'est ce qui s'est toujours fait !

– Peut-être, mais c'est fini, dit père avec gravité. Ici commence l'exogamie[1].

– Mais, p'pa, c'est contre nature ! insistai-je. Tous les animaux font comme ça. Même si de temps en temps une bête s'aventure hors de sa bande…

– Quoi, c'est idiot, dit Oswald, voilà nos filles qui sont sur place, alors que les autres…

– Sont maintenant plus près, en l'occurrence, dit père. C'est pourquoi je vous ai amenés ici.

– Mais bon sang, p'pa, m'écriai-je, pourquoi nous donner tout ce mal ? Qu'est-ce qui cloche avec nos filles à nous ?

– Rien ne cloche, dit père, mais il faut maintenant mélanger un tantinet[2] les gènes. Et puis surtout, vos sœurs, c'est un débouché trop facile pour vos libidos[3]. Si nous voulons le moindre développement culturel, il faut que l'émotion individuelle ait la tension d'un stress. Bref, il faut qu'un jeune homme quitte le toit familial, se cherche une compagne, la courtise, la capture et se batte pour elle. Sélection naturelle.

– Mais nous pouvons très bien, si tu veux, nous battre à la

---

1. Règle consistant à choisir son conjoint en dehors de son groupe d'origine.
2. Un peu.
3. Énergies tournées vers la sexualité.

maison pour nos femmes à nous ! dit Oswald. Et tu auras à domicile toute la sélection naturelle que tu voudras !

– Non, ce n'est plus la bonne. Plus maintenant, dit père. Avec les armes nouvelles, le danger devient trop grand. Cela pouvait marcher du temps où les mâles ne disposaient pour s'assommer que de vieilles massues démodées…

– Oui, ça marchait pour *toi*, dis-je amèrement.

– Les temps ont changé, dit père. Ou plutôt, se reprit-il, ils n'ont pas changé, voilà le malheur ! Nous sommes plus en retard que je n'imaginais. Nous n'allons pas éternellement poireauter comme des contemporains de l'hipparion ! Non, ça ne peut plus aller, en tant qu'espèce nous sommes stagnants, et être stagnants, c'est la mort. Nous avons du feu, mais nous ne savons pas le fabriquer. Nous tuons de la viande, mais nous perdons notre temps à la mastiquer. Nous avons des lances trempées au feu, mais la portée n'en dépasse pas cinquante-cinq mètres…

– Soixante-dix-sept, dit Oswald.

– Record exceptionnel ! aboya père. Je parle en termes normaux. Alexandre sait faire de bons dessins, mais il ne sait pas les fixer. Tobie donne de bonnes arêtes à ses bifaces, mais, cela me coûte à dire, la camelote que nous fabriquons ne vaut guère mieux que des éolithes[1]. Quant à toi, Ernest, tu te flattes de savoir penser, mais c'est une illusion, car le registre de nos connaissances est beaucoup trop étroit, de sorte que notre vocabulaire, notre grammaire n'arrivent pas à s'étendre, ni du même

1. Silex de l'ère tertiaire.

coup nos capacités d'abstraction. C'est le langage, voyez-vous, qui génère la pensée, et c'est pure courtoisie d'appeler langage les quelque cent mots que nous possédons, les deux douzaines de verbes-à-tout-faire, l'indigence[1] de conjonctions et de prépositions, et cette façon que nous avons de recourir aux interjections, gestes et onomatopées pour combler les lacunes. Non, mes chers fils, sur le plan culturel, à peine si nous sommes plus avancés que l'australopithèque[2], et lui, croyez-moi, il n'est déjà plus dans la course. Vous avez entendu ce que feu votre oncle Ian nous a dit sur leur compte ! Il s'en va droit à la poubelle, rejoindre tous les autres ratages de la nature.

– Moi, je les tue toujours quand j'en rencontre, dit Oswald.

– Justement, dit père. Si nous suivons le même chemin, d'autres nous feront pareil. Il faut faire un effort, mes enfants ! Il faut que vous considériez tout cela en garçons raisonnables, en adultes responsables, dit-il avec une sorte d'insistance suppliante dans la voix. C'est incommode ? Je n'en disconviens pas. Il vous faudra du temps pour vous y habituer. Mais on ne peut pas créer une force hydraulique sans élever des digues. Observez les castors comme je l'ai fait, fistons. Ils arrêtent des fleuves : voyez alors combien impétueuse l'eau qui se déverse par le goulot qui lui reste ! Ou regardez tout aussi bien les chutes de Marchison, ou mieux encore, allez jeter un coup d'œil sur celles de Victoria. Cela vous donnera une idée de ce

1. Manque.
2. Hominidé fossile du quaternaire, que l'on trouvait en Afrique (« singe du sud »).

que je veux dire : l'obstruction nécessaire pour développer une pression irrésistible. Mais nous ne sommes pas des fleuves. C'est donc tout un système d'inhibitions et de complexes qu'il faut créer dans notre tête.

– En attendant c'est toute une cataracte[1] qui déferle dans la mienne, de tête, gémit Tobie.

Et il s'assit et laissa tomber son mufle entre ses mains.

– Oui, dit père, je sais, c'est difficile à comprendre au début. Mais c'est indispensable. Pour résoudre des problèmes, il faut d'abord se les poser. Et pour pouvoir se les poser, il faut se créer des difficultés personnelles à se casser le ciboulot.

– Mais ça nous rendra si malheureux que nous finirons par tout lâcher et nous laisser mourir ! m'écriai-je. C'est le bonheur qui donne le goût de vivre.

– Erreur, dit père gravement. Le bonheur vous rend paresseux. Tu chercheras dans le travail, tout au contraire, une diversion à tes difficultés, avec un surcroît d'énergie.

– Je n'en crois rien, maugréai-je.

– Tu verras bien que si, dit père. Vous devez convenir que la sagesse, avec tout ce feu alentour, c'est de ne pas vous battre pour vos sœurs ou vos tantes. Sinon le sens moral risque d'être en retard sur la puissance technique, et c'est la catastrophe.

– Oh ! en voilà un argument !

– Il est à craindre que nous ne l'entendions de plus en plus souvent, dit père.

---

1. Importante chute d'eau.

– Ce que je voulais dire, précisai-je, c'est que tu te contredis. D'abord tu déclares que pour engendrer un progrès technique nous devons cultiver une morale sexuelle, et ensuite que nous avons besoin de cette morale sexuelle pour maîtriser le progrès technique. Choisis pour quoi tu plaides.

– Pour les deux, dit père. L'alternative dialectique est une méthode scientifique parfaitement respectable. Mais il suffit. D'une façon ou d'une autre vous ferez ce que je vous dis, un point c'est tout.

– En attendant, p'pa, dis-je avec ironie, pendant que tu nous envoies dans la brousse devenir exogames et civilisés, toi tu pourras te payer toutes les femmes à la maison. Si ce n'est pas un retour au père primitif de horde qui jalouse ses fils grandis, je me demande ce que c'est.

– Ernest, dit père d'un ton désapprobateur, tu fais là une remarque tout à fait déplacée. J'aurais pu en effet, si j'avais voulu, jouer au père noble de horde ancienne manière, et vous flanquer dehors tous cul par-dessus tête. Au lieu de cela, que fais-je ? Je vous amène à odeur de nez d'une… euh… volée de jeunes personnes tout à fait ravissantes. Au surplus, chacun sait que les femmes n'occupent pas ma pensée : elles lassent terriblement vite et se ressemblent trop. Sans compter qu'abondance de nu finit par être insipide[1]. Non que je veuille rien dire contre vos chères mères. Pas un mot. Mais j'ai plutôt la tête, en fait, aux questions scientifiques.

---

1. Sans goût.

– Mais, p'pa, dit Alexandre, qui s'était tu jusque-là, comment est-ce que nous allons faire ? Je veux dire pour prendre les filles de par là-bas ?

– Eh bien, dit père sur un ton incertain, en les courtisant, je suppose. Faites comme les animaux : gonflez vos poitrines comme les ramiers[1], ou bien vos joues comme les crapauds-buffles, ou bien faites virer vos fesses au vermillon, ou quelque chose comme ça.

– C'est commode ! se plaignit Alexandre. Et puis je suis trop timide.

– Vous trouverez, dit père. Voilà déjà de quoi faire marcher vos cervelles. Vous ne voudriez pas, quand même, que ce soit moi qui résolve *toutes* vos difficultés, non ? Bon. Quand vous serez tous accouplés, vous pourrez me ramener vos filles au bercail. Au lieu de horde, nous serons une tribu. Premier progrès. Et maintenant allez, ouste ! Toi, Oswald, mon cher, n'essaye pas de me suivre à la trace. Je connais toutes tes ruses, elles sont de première force, mais il y a quarante ans que je suis dans le métier. Je te préviens : aussi sûr que je m'appelle Édouard, je te passe ma lance à travers l'estomac. Et maintenant, allez !

1. Pigeons.

10

Avec un peu d'audace, nous aurions pu nous ruer sur papa et lui faire un sort. Mais il aurait sûrement descendu l'un de nous, probablement même deux, avant que nous eussions pu l'atteindre. C'est pourquoi, sous la menace des deux puissantes lances, nous reculâmes grondant et jurant, et puis, quand nous fûmes hors de portée, nous nous esquivâmes furtivement pour filer vers le sud.

Nous courûmes ainsi une lieue ou deux, puis Oswald nous fit arrêter. C'était l'aîné, nous l'avions accepté tacitement[1] pour chef.

– Écoutez, frérots, nous dit-il. Foncer au petit bonheur ne nous avance pas. Dressons et discutons un plan d'attaque. Au diable soit le vieux, il nous faut aller jusqu'au bout. Tels que je les renifle, ces gens-là sont encore à quatre ou cinq lieues d'ici. Savoir à quoi ils ressemblent et ce qu'ils mijotent ! Des fois qu'ils nous tomberaient dessus au cours d'une partie de chasse, ils pourraient bien nous prendre pour une bande de singes et nous faire notre affaire.

– Oh ! par exemple ! protesta Tobie.

– Tout dépend de celui qu'ils verraient en premier, grogna Oswald. Ce serait idiot de courir des risques.

– Tu as raison, frérot, dis-je, s'ils nous ressemblent le moins du monde, ils commenceront par nous embrocher et nous

1. Sans l'exprimer à voix haute.

poseront des questions ensuite. Il faut les approcher avec une extrême prudence. Tu proposes quelque chose ?

– Primo, il faut nous armer, dit Oswald. Le vieux nous a pris nos javelots, mais il nous a laissé nos grattoirs. Cherchons du bois et taillons-nous des lances. Peut-être aussi quelques massues.

– Et pour quoi faire ? dit Alexandre. Pourquoi ne pas aller les trouver, tout simplement, et leur expliquer gentiment la chose ? Nous venons faire la cour, pas la chasse[1].

– C'est du pareil au même, dit Oswald sèchement.

– En effet, approuvai-je. Il faut nous approcher le plus possible sans être vus, et voir de quoi il retourne. Ils sont peut-être bien quarante, et nous sommes quatre. Je propose, s'ils sont en marche, de les suivre à la trace et de nous emparer des traînards. Ou bien de leur tomber dessus pendant la nuit, et d'emporter chacun une fille, comme les hyènes.

– Moi, je trouve, dit Alexandre, que c'est une façon peu délicate de gagner l'affection d'une demoiselle.

– Ernest a raison, trancha Oswald. Tu ne penses tout de même pas qu'ils vont nous les donner, leurs femmes ? L'idée ne les ravira pas du tout. Ils ne sont pas assez fous pour croire qu'ils ne peuvent pas s'accoupler entre eux !

Nous commençâmes à fourbir nos armes[2]. Alexandre dit tout à coup :

---

1. Allusion à l'expression « faites l'amour, pas la guerre ».
2. Nous préparer pour le combat.

– Est-ce que nous leur plairons seulement, à ces filles ?

– On leur plaira, t'en fais pas, dit Oswald farouchement en taillant à grands coups la pomme d'une matraque.

Quand nous fûmes équipés, nous avançâmes de nouveau prudemment sous le vent, pour éviter d'être reniflés, et nous campâmes encore à distance. À l'aube, profitant de la brume, nous rampâmes jusque sur une falaise assez basse qui devait, pensions-nous, surplomber l'habitat de la horde. Quand la brume se leva, elle était en effet sous nos pieds.

C'était sur la rive d'un de ces nombreux lacs pleins à ras bord, qui arrosent l'Afrique de l'Éthiopie jusqu'au Zambèze. Sa surface d'un bleu ardoise s'étalait jusqu'à l'horizon. Une chaîne de volcans, sur ses bords, salissait le pâle azur du ciel de ses panaches de fumée grise. Mais nulle autre fumée ne relevait le défi, dans la colonie à nos pieds.

Elle occupait, entre des marais couverts de papyrus et d'herbes hautes, un promontoire criblé de cavités creusées dans le calcaire, dont quelques-unes étaient sommairement recouvertes, en guise de toit, de rameaux de bambou, de palmier. Deci de-là, nous distinguions quelques silhouettes brunes accroupies sur le sol, et n'eût été le suip'-suip' du silex heurtant le silex, nous les eussions prises pour des chimpanzés.

– Ni feu ni caverne, dit Oswald dégoûté.

– Et pas la moindre idée, s'exclama Tobie, de la bonne façon de traiter le silex : écoutez-moi ça !

– Et voilà le milieu où l'on veut que nous prenions femme !

m'insurgeai-je[1], avec une amertume renouvelée contre mon père. Sélection naturelle de mes deux, oui !

Avec le jour croissant, la misère de ce taudis paléolithique[2] se faisait encore plus apparente. Mais Alexandre dit : « Ce n'est peut-être pas aussi pitoyable que vous croyez : elle me plairait assez, cette mignonne là-bas. » Et en effet, une fille incontestablement bien roulée était sortie d'un de ces abris, et s'avançait vers le lac pour y boire.

– Phacochère ! Tu n'as pas tort ! s'écria Oswald avec un subit enthousiasme. Regardez-moi ces fesses ! Comme un hippopotame ! Superbe ! s'excitait-il. Oh, oh ! qui aurait cru que dans ce bidonville…

– Et en voici une autre, chuchota Alexandre avec ravissement.

Une seconde donzelle, éblouissante dans sa beauté rustique[3], venait en effet d'apparaître et s'étirait dans l'air matinal, gonflant pour respirer sa somptueuse poitrine. Pendant qu'elle roulait des hanches vers l'abreuvoir, une splendide femelle l'avait suivie, de proportions si éléphantines qu'Oswald put à peine étouffer à temps, sur les lèvres de Tobie, un sifflement admiratif.

– Maîtrise-toi, grogna-t-il, espèce de lémurien[4] !, bien que ses propres regards dévorassent quasiment cette opulence charnelle.

1. Me révoltai-je.
2. Période qui correspond à l'âge de la pierre taillée (– 2,56 millions d'années à – 10 000 ans).
3. De la campagne.
4. Primate tropical qui se rapproche du singe.

– Pourquoi ? Qu'attendons-nous ? dit Tobie fiévreusement. Descendons et prenons-en chacun une.

– Ce qu'on attend ? Regarde, dit Oswald.

Il nous montrait ce qui, sans aucun doute, était une silhouette paternelle, subhumaine d'allure, mais gorillesque de muscles et de largeur d'épaules. Et ça vous patrouillait d'un air méfiant, une puissante matraque à la main, et vous reniflant la brise avec des grondements et des grognements dont la signification ne prêtait à aucune méprise : tout galant s'abstenir.

– Oui, je vois, dit Tobie.

Son ardeur s'était refroidie, comme la nôtre, de façon sensible.

– Une attaque de front coûterait trop cher, dit Oswald. Retirons-nous dans un coin tranquille et causons.

Nous confrontâmes nos vues en conseil de guerre.

– Moi, dit Oswald, je vote pour l'attaque de nuit. Nous fonçons dans le noir en imitant les lions, chacun attrape une fille et se débine, avant que leur vieux puisse comprendre de quoi il retourne. Qu'en penses-tu, Ernest ?

– Oui…, dis-je après réflexion. Mais peut-être qu'il ne dort que d'un œil, c'est ce que je ferais si j'étais lui, avec toutes ces belles filles à la maison. Et peut-être qu'elles ont des frères. Et s'ils entendent rugir des lions, ils donneront l'alerte. Et puis, supposons même qu'on réussisse. Mais qu'on se trompe dans le noir et qu'on ne ramène que de vieilles rosses ?

– C'est vrai, ça ne marche pas, dit Alexandre.

Tobie hochait vigoureusement la tête.

– Bon. Si vous avez mieux…, dit sèchement Oswald.

– Et si nous allions avec des torches ? hasarda Alexandre.

– Bonne idée, convint Oswald. Le feu les terrifiera comme tous les animaux, et nous profiterons de la panique.

– Mais le volcan le plus proche est à trente kilomètres, objectai-je. Ils nous verront revenir et nous perdrons l'effet de surprise. Et s'ils se sauvent, les filles les suivront.

– Alors, qu'est-ce que tu proposes ? Si vous continuez tous à débiner toutes les propositions, c'est pas demain la veille que nous aurons des femmes, dit Oswald.

– Voilà, dis-je en traînant : une sorte de projet prenait lentement corps dans mon esprit. M'est avis, vu leur état de sous-développement, qu'ils sont moins chasseurs de viande que collecteurs de nourriture. Donc, ils doivent s'éloigner à bonne distance pour trouver à manger pour tous. Et il y a neuf chances sur dix pour que les femelles les accompagnent. Celles-ci attrapant des rongeurs, des insectes et autres bestioles, pendant que les mâles s'essayent aux antilopes. Nous avons connu ça dans le temps. Ils doivent ainsi se disperser beaucoup ; par conséquent, dans mon idée, on partage la région en quatre directions, chacun de nous y suit le groupe qui s'y engage, il attend le temps qu'il faut pour qu'une des filles soit seule, et il la capture et l'emporte. Quand les autres s'en apercevront, probable qu'ils supposeront que c'est un léopard, ça doit leur arriver souvent de perdre un gosse de cette manière. On peut jouer de malchance, bien entendu, mais en nous séparant nous étalons les risques. Ensuite, disons dans un mois, on se donne rendez-vous là où le vieux nous a quittés, et nous rentrons ensemble à la maison. Suffit d'un peu de chance pour que tout aille bien. Ça gaze ?

Après une courte discussion, mon projet fut adopté : c'était le plus pratique étant donné les circonstances. La horde n'ayant encore, assurément, aucune idée de l'exogamie, elle ne pourrait soupçonner nos projets, et nous aurions l'avantage de la surprise. Nous avions donc bien des chances de réussir.

Et c'est ainsi que je rencontrai Griselda.

11

– Hello ! dit-elle. Vous me semblez avoir bien chaud…

Si j'avais chaud ! Je me sentais comme si j'avais couru après cette insupportable donzelle à travers toute l'Afrique en long et en large. L'affaire s'était d'abord déroulée à merveille, réalisant mes prévisions. J'avais suivi la piste d'une équipe vers le nord, direction qui m'était réservée, et attendu que la chance eût séparé du gros de la troupe la fille que je convoitais. Alors, tandis que les autres s'occupaient à dénicher des mangoustes[1] dans les fourmilières, à ramasser des œufs de crocodile ou à chasser singes ou lapins, je me faufilai, caché dans l'herbe, dans l'espace entre elle et eux. Ensuite, grondant à la façon d'un léopard, je la forçai lentement et la poussai de plus en plus vers l'intérieur. Puis, quand enfin elle fut trop éloignée pour appeler son père à la rescousse, je bondis. Je m'attendais à la faire grimper sur un arbre, ou à la rattraper facilement. Mais quand j'atteignis l'endroit où je prévoyais la curée[2], elle n'y était pas : elle se trouvait au moins cent cinquante pas plus loin, et j'étais un peu essoufflé.

Bon, me dis-je. Elle l'emporte au sprint, je ne suis pas un léopard ; mais en course de fond je l'aurai à l'usure. Ma seule crainte, c'était qu'elle ne courût en rond et ne revînt à son point de départ. Aussi devais-je faire de grands efforts pour la

1. Petits mammifères carnivores.
2. Lutte avide et difficile.

rabattre, chaque fois qu'elle me semblait en avoir l'intention. L'aria[1], c'était qu'elle le faisait toujours quand cela m'astreignait à obliquer par un marécage. À croire qu'elle savait lesquels seraient les plus boueux et les plus infestés de sangsues. Je n'allais pas me laisser abattre par de tels stratagèmes, mais quand je débouchais d'un de ces marais, couvert des pieds à la tête de boue et de sangsues, troquant le cri du léopard pour celui de l'hippopotame, elle fuyait de nouveau et me faisait faire du footing à travers l'herbe haute. Elle courait avec la vitesse et l'endurance d'une autruche, et comme une autruche elle semblait immunisée contre les tiques qui s'attachaient à moi. Mais je ne perdais pas de vue cet arrière-train tout frétillant, et refusais de me laisser dépister.

Elle tentait de le faire en se jetant à l'eau. Si elle courait comme une autruche, elle nageait comme un crocodile. Faisait-elle exprès de les réveiller, les crocodiles, en barbotant bruyamment, tel un gibbon[2] tombé d'un arbre ? En tout cas quand je plongeais, moi, ils avaient déjà pas mal d'avance et, faute de la rattraper, ils avaient tendance à s'intéresser à moi. Je n'aurais pas été peu fier du nouveau crawl rapide que j'inventai à l'instant même, si j'avais eu le loisir d'y penser.

À d'autres moments elle me lançait parmi des lions se chauffant au soleil, ou des femelles de machérodes allaitant leurs petits, histoire de me compliquer la poursuite. De préférence,

1. Problème, ennui (familier).
2. Singe d'Asie qui ne possède pas de queue.

bien entendu, quand il y avait pour elle un arbre à proximité, et rien pour moi. Nous avons passé plusieurs nuits dans des arbres distants de moins de deux cents pas, et je me préparais pour être prêt dès que les lions se lasseraient d'attendre, mais chaque fois elle était descendue et repartie avant moi.

Elle me fit franchir plusieurs montagnes. Dans l'ascension, je l'aurais rattrapée, s'il n'y avait pas eu les cailloux et les roches qu'elle délogeait avec ses pieds dans ses efforts désespérés pour m'échapper et qui me dégringolaient sur la tête – généralement dans un couloir ou une cheminée difficiles. Mais à la descente elle me distançait de nouveau, peut-être parce que j'avais la migraine.

Du fait qu'elle était toujours la première, elle attrapait tout en courant un lièvre, un hyrax ou un écureuil, de sorte qu'elle déjeunait et soupait. Tandis que quand j'arrivais, moi, plus personne, tout avait fui. Et je devais me contenter de ses restes, généralement indigestes. De sorte qu'ou bien j'étais affamé, ou bien j'avais la colique.

Plus d'une fois je me demandai si vraiment elle valait toute cette peine. Si même j'avais besoin d'une compagne, de toute manière. Et si, du fait de cette indifférence qu'en somme je découvrais en moi, je n'étais pas plutôt fait pour le célibat. Je ralentissais l'allure. Mais alors la donzelle jaillissait subitement d'un buisson à moins de vingt pas de moi, avec un hurlement de terreur misérable, et l'occasion de lui damer le pion d'un bon coup de gourdin semblait trop bonne pour ne pas reprendre la chasse, mais toujours par quelque ruse habile elle m'échappait de nouveau.

À la longue je finis par avoir marre de toute cette affaire. Je n'avais plus le moindre élan même quand la fille s'emmêlait dans des lianes quasiment à portée de ma main. Si Oswald se montrait capable d'attraper une de ces femelles, je lui dirais « champion ». Moi, je tirerais un trait sur ce damné tintouin de faire la cour et tout ce qui s'ensuit, et je rejoindrais les autres, tout seul, au rendez-vous.

Je venais de prendre cette sage décision quand je débouchai, transpirant, titubant, dans une clairière ; et là, assise sur le tronc d'un chêne renversé, et peignant avec une arête de poisson sa longue tignasse fauve d'un geste désinvolte, Griselda me souriait.

– On dirait, cher, que je vous ai fait suer, s'inquiéta-t-elle d'un ton compatissant.

– Cette fois, vous ne m'échapperez pas, bredouillai-je abruti et je levai mon gourdin.

– Venez vous asseoir près de moi, dit-elle en tapotant le chêne à côté d'elle, et parlez-moi de vous. Je meurs de tout savoir.

Que faire d'autre ? De fatigue, d'ailleurs, les genoux me faisaient mal. Je m'assis et elle posa mon gourdin entre nous[1], tandis que d'une poignée de mousse je m'essuyais le front.

– Ouf…, soupirai-je.

---

1. Allusion à Tristan qui plaça son épée entre lui et Iseult.

– Comment vous appelez-vous ? dit-elle d'une voix encourageante.

– Ernest.

– Joli nom. Moi, c'est Griselda[1]. C'est stupide mais j'ai des parents romanesques. L'êtes-vous aussi ?

– Non.

– Que si, ou bien vous n'auriez pas couru si longtemps. J'ai fait tous mes efforts pour échapper, convenez-en, mais je n'ai simplement pas pu. Dix jours entiers que vous me poursuivez.

– Onze, dis-je. Presque douze.

– Vrai ? Comme le temps passe quand on ne s'ennuie pas. Ça vous a plu aussi ?

– Euh… oui, beaucoup, merci, bredouillai-je.

– Je savais bien qu'on s'entendrait, Ernest.

– Oh, vraiment ?

Elle enlaça ses deux pieds de ses mains.

– Oui, j'ai tout de suite vu que vous étiez… si peu commun, tellement… différent, dit-elle.

– Mais quand ça ? demandai-je, intrigué malgré moi.

– Mais quand vous étiez là-haut tous les quatre, sur la falaise, à nous lorgner mes sœurs et moi. C'était *très* inconvenant, papa était furieux. Pas de manières, ces jeunes d'aujourd'hui, disait-il. Défense de vous parler avant qu'il ne l'eût fait lui-même.

– Ainsi, vous nous aviez reniflés, dis-je lourdement. Et vous saviez pourquoi nous étions venus ?

---

1. Griselda est le titre d'une nouvelle de Boccace (1353) et de plusieurs opéras.

– Oh, ça se devinait, non ? Nous étions toutes si excitées !

– Ah, excitées, vraiment ? dis-je d'une voix brève.

– Nous recevons si peu, dans ce bled, soupira-t-elle. Père nous tient à l'œil, et il ne voulait plus que nous sortions avant qu'il ne vous ait chassés et abattus. Heureusement qu'il se remet tout juste d'un gros accident, une collision de plein fouet avec un rhinocéros, ils ne regardaient pas la route. Père en a souffert dans son flair et il est devenu un peu astigmate, en plus.

– Et le rhinocéros ?

– On l'a mangé. Nous avons persuadé papa qu'en le voyant vous aviez fui. Il est très fier de son aspect, mais c'est une *crème* pour qui le connaît bien. Ainsi nous avons pu partir pour la chasse comme d'habitude. Et puis vous m'avez trouvée, poursuivie sans aucune pitié, soupira-t-elle, et me voici, dit-elle d'un ton soumis, en baissant les yeux.

– Griselda, dis-je, tirons la chose au clair. Ainsi, quand je grondais comme un lion ou un hippopotame, vous saviez que c'était moi ?

– Je reconnaîtrais votre voix n'importe où, Ernest.

– Vous n'aviez donc pas la moindre peur, et quand vous m'obligiez à traverser les marais, les fleuves pleins de crocodiles, les forêts et les montagnes comme un hybride[1] d'autruche, de canard et de chèvre…

– Oh ! chéri, quel flatteur vous êtes !

---

1. Mélange.

– … Vous n'aviez pas la moindre intention de me semer ? dis-je plein de rage.

– Mais, cher, protesta-t-elle, et ma pudeur ? Et puis, je voulais tellement vous faire plaisir !

– À moi ! tempêtai-je. Vous êtes une fille abominable ! Vous m'avez honteusement fait cavaler ! Je me demande ce que j'ai pu renifler en vous qui m'ait attaché à vos pas. Mais j'en ai fini avec vous, vous m'entendez ? Vous me faites horreur !

Les grands yeux sombres de Griselda, pareils à ces étangs où guettent les crocodiles, s'emplirent lentement de larmes.

– Je… voulais… seulement… être… gentille…

Je me levai.

– Adieu, dis-je. Vous retrouverez votre chemin toute seule. Ne comptez plus sur moi pour vous capturer.

– Mais c'est fait ! dit-elle en étendant la main comme une aveugle. Nous sommes un couple, à présent.

– Rien de la sorte ! protestai-je, interloqué par cette idée. Je ne vous ai pas capturée le moins du monde, vous êtes libre. Adieu, vous dis-je.

– Mais je serai déshonorée ! dit-elle en larmes. Vous ne pouvez pas rompre votre promesse après m'avoir poursuivie tout ce temps ! Si vous me quittez, j'en mourrai !

– Foutaise ! lançai-je, mais j'étais curieusement remué, au-dedans. Adieu, et sans esprit de retour.

J'attendais qu'elle dît quelque chose, admît que je ne l'avais pas capturée et qu'elle allait rentrer chez elle. Mais elle ne faisait que sangloter.

Je m'en fus à grands pas rageurs vers la forêt. J'oubliai complètement d'emporter mon gourdin.

12

Déjà la nuit tombait, mais j'étais trop en rage pour m'en apercevoir. Cette Griselda ! Ce mélange de ruse et de coquinerie, de cynisme, de cruauté ! L'impudence[1] de son dernier prétexte : capturée, vraiment ! Et puis ces larmes féminines pour obtenir par la pitié ce que son stratagème de lionne en chaleur n'avait pu s'arroger. Ignoble. Avais-je pu songer une seconde à faire d'une telle femme la mère de mes enfants ?

Qu'elle fût alerte, soit. Elle m'avait battu, moi un mâle, à la course – en trichant, bien entendu. Mais dans la fuite, il faut admettre que tous les moyens sont permis, et Griselda, en faisant profiter ses enfants de ses dons, les doterait assurément d'une plus grande aptitude à survivre. D'autre part il fallait admettre qu'elle disait vrai, quand elle se lamentait de ne plus pouvoir reparaître devant son père : le vieux était visiblement aussi jaloux qu'un père de horde peut l'être, et ne serait pas content du tout de cette fugue à travers le Kenya[2], le Tanganyika[3] et probablement le Nyassaland[4], avec un jeune homme des cavernes aux talons. Oh ! elle n'en mourrait pas ! Elle pourrait courir un bout de temps avec un troupeau de girafes, et se faire capturer plus tôt ou plus tard par un autre pithécanthrope.

Je m'étais un peu calmé, et maintenant je me demandais si

1. Insolence.
2. État d'Afrique orientale.
3. Actuelle Tanzanie (Afrique orientale).
4. Actuelle Malawi (Afrique orientale).

c'était bien là ce que je voulais. N'était-ce pas en somme un peu dommage, après avoir couru tout ce chemin, d'abandonner en arrivant au but ? Certes, elle m'avait indignement traité, mais je ne pouvais douter de son estime admirative. Sans doute fallait-il, d'ailleurs, tenir compte de sa mauvaise éducation. Comment, dans son bidonville près du lac, aurait-elle pu apprendre les bonnes manières d'un milieu plus décent ? Chez nous, elle s'amenderait. Elle trouverait que toute ma famille était bien au-dessus d'elle, elle perdrait une bonne part de son obstination, elle éprouverait à mon égard une crainte respectueuse. Assurément il me faudrait la battre souvent et fermement, mais si je m'y prenais à temps, et retournais dès maintenant lui donner une volée de bois vert…

Mais non. Revenir sur mes pas, ce serait reconnaître que j'avais eu tort, et cette fille impossible en tirerait avantage pour se flatter de m'avoir eu, en fin de compte. Ah ! cela, non ! Qu'elle aille se faire pendre ! Évidemment, elle présentait bien, toute la horde aurait dû en convenir, p'pa en serait tout démonté, et puisqu'il tenait Elsa à l'écart, je ferais pareil avec Griselda. Je lui en ferais voir, de l'exogamie !

Il faisait tout à fait noir maintenant, et la lune n'était pas levée. Plongé dans mes pensées, je n'avais pas pris garde au vacarme croissant, dont s'emplissait la jungle, et qui maintenant était à son comble. Grenouilles et crapauds rivalisaient dans les marais à qui couvrirait la voix des autres. Mouches et libellules fendaient l'air dans un crissement strident. Le ululement des chouettes répondait à celui des hyrax. Le léopard toussait dans les sous-bois, et le rire hystérique des hyènes sanglotait dans les arbres où les singes poursuivis hurlaient. Dans les clairières, les lions chassaient en rugissant, et vingt mille sabots en fuite faisaient trembler la terre. Le grognement sinistre des crocodiles et des hippopotames montait des fleuves et des étangs. Le barrissement aigu des éléphants précédait le crépitement des racines brisées, les cris sans nombre des bêtes de toutes sortes dans le feuillage des arbres qu'ils arrachaient avec leur trompe. Chacun poursuivait chacun afin de lui prouver qu'il était bien de l'espèce dominante, et tout à coup je m'aperçus que j'étais, moi aussi, poursuivi… et que j'avais oublié mon gourdin.

Je fis volte-face et détalai. Même Griselda n'eût pu me rattraper. Je bondissais par-dessus les buissons, les rivières, volais audacieusement de branche en branche, de liane en liane, me demandant si je devais ou non me réfugier à la cime d'un arbre : un grand félin, j'en serais à l'abri, mais un chat plus petit me rejoindrait sans mal, et là, à vingt mètres du sol, je n'aurais que mes doigts et mes mâchoires contre ses griffes et ses dents. Pourtant si je restais au sol, je serais vite rejoint, dans l'eau il y avait les crocodiles, en attendant, je filais d'une telle vitesse que mes talons me donnaient la fessée, et je sentais mon cœur près d'éclater, et ma gorge s'étranglait de sanglots. Je sentais que mon poursuivant était tout proche derrière moi, et devant s'ouvrait une clairière, et je savais que c'était la fin, que c'était l'endroit idéal pour me sauter dessus. Mais comment m'arrêter ? Et d'ailleurs la vitesse acquise me projetait en plein clair de lune, où j'allais faire une cible parfaite. J'entendis le grand chat s'arrêter, se ramasser, bondir. Dans mon élan désespéré, mes yeux s'emplirent d'une lueur de sang, et déjà je sentais une douzaine de griffes m'entrer dans les épaules, l'énorme masse à l'odeur puissante m'écraser à terre, quand il y eut un « paf ! » d'une violence extrême, et le bruit sourd d'une lourde chute sur le sol derrière moi. Je me sentis soudain d'une incroyable légèreté, mais il me fallut un bon moment pour pouvoir ralentir, et regarder par-dessus mon épaule. Et alors je vis un léopard étalé dans l'herbe, et au-dessus de lui un pithécanthrope faisait tournoyer mon gourdin ensanglanté, et « clac ! clac ! » d'une main experte la cervelle jaillit, avant que le grand chat n'eût pu se reprendre du coup terrible qui l'avait assommé en plein bond.

– Griselda ! haletai-je.

– Ernest ! répondit-elle. Oh ! chéri, je savais bien que tu reviendrais ! Mais comme tu as chaud, tu as dû courir joliment vite ! N'importe, le dîner est prêt : viens, tu dois avoir faim ?

Bien entendu, j'aurais dû lui donner sa raclée sur-le-champ. Seulement, d'abord, j'étais très essoufflé. De plus, c'était bien vrai que j'avais faim. Et puis, c'était elle qui tenait le gourdin. Aussi décidai-je de remettre les tendresses à plus tard. Les chacals et les hyènes ne tarderaient pas à rappliquer, attirés par cette odeur de mort subite, il fallait prendre les devants. Nous liquidâmes le léopard. Mais un si grand repas après de tels efforts, cela bon gré mal gré prédispose à dormir, et je tombai dans un sommeil incoercible[1] au pied d'un mimosa, sous la garde de Griselda et du gourdin.

Quelques heures plus tard, je m'éveillai frais et dispos. La lune se couchait derrière les hautes montagnes, mais tout encore était baigné d'argent. Griselda était assise sur le tronc d'arbre, et regardait pensivement le dernier vautour qui finissait de nettoyer les os blafards de la carcasse. Mais ce qui me fit bondir sur mes pieds, ce fut de voir avec quelle élégance elle avait enroulé ses longs cheveux à la mandibule du léopard, dont elle avait avec raffinement lové la queue autour de son cou, la faisant pendre entre les seins avec une coquetterie consommée.

– Arrouhâ ! criai-je d'une voix tonnante. Maintenant je te capture, ô Griselda !

1. Que l'on ne peut retenir.

13

L'amour ! Son ivresse ! Je maintiendrai toujours, si futile que fût en inventions et en développements culturels le moyen pléistocène, qu'une des plus grandes découvertes de ce temps, ce fut l'amour. Ça me prit, à l'époque, absolument au dépourvu. En un instant, je fus une créature aussi neuve, aussi fraîche, aussi souple, aussi joyeuse et libre qu'un serpent qui vient de changer de peau. Une libellule aux ailes radieuses après sa longue nuit de chrysalide[1]. Je m'excuse de ces métaphores passablement usées, mais les nouvelles générations n'ont pas connu la merveille insouciante de cette première extase. La jeunesse d'aujourd'hui s'en est trop fait conter, elle sait à quoi s'attendre et elle attend monts et merveilles. Mais moi, personne ne m'avait prévenu. J'étais un nouveau-né. Aussi, quelle métamorphose ! Quel privilège insigne, que d'être le tout premier à vivre une nouvelle expérience humaine ! Et quand, cette expérience, c'est l'amour, imaginez-vous cela ? À présent, l'amour est devenu une sorte de routine, une marchandise de seconde main, même si les jeunes y trouvent encore une humble joie quand ils le découvrent au sommet d'une montagne, au cœur de la forêt ou sur le bord d'un lac, il a pris sa place nécessaire dans le processus évolutionnaire – mais, ah ! quand à peine il venait d'éclore pour la première fois !

J'étais trop occupé sur le moment pour éprouver le désir,

1. État intermédiaire entre la chenille et le papillon.

avoir la force d'analyser la chose. Mais, rétrospectivement, je reconnais que c'est père, lorsqu'il nous imposa notre premier refoulement à des fins qu'il croyait purement sociologiques, qui fut involontairement à l'origine de cette éclosion. En entravant nos inclinations les plus faciles, il nous offrit en prime, sans le savoir, ce banquet de sensations inouïes, de fascinantes délices. Non que nous fussions le moins du monde refoulés, Griselda et moi, tandis que nous nous pavanions par toute la nature, que nous la traitions partout en chambre nuptiale, tant nous nous sentions souverains absolus de ces nouveaux domaines en nous. Et comme si nous n'avions été jusque-là que deux moitiés de créature au fragile épiderme, dont les faiblesses réunies eussent produit le maître de la terre, nous nous sentions invincibles, invulnérables.

Nous allions rire au nez des lions dans leur tanière ; nous culbutions la panthère endormie et lui tordions la queue ; nous nous servions, comme des pierres de gué, du dos des crocodiles et des hippopotames abasourdis pour franchir les eaux peu profondes ; nous remontions les cataractes avec la truite et le poisson-tigre, et dévalions les rapides avec l'anguille ; nous jouions à cloche-pied avec les échassiers, à chat-perché avec les éléphants, nous enfilions sur la corne des rhinocéros dégoûtés des anneaux de volubilis[1], nous enrubannions de jasmin, qui flottait dans le vent en joyeux serpentins, les ramures des cerfs, qui en caracolaient[2] de surprise ; nous faisions tourbillonner les

1. Plantes grimpantes à grandes fleurs, proches du liseron.
2. Opéraient des tours sur eux-mêmes.

singes dans des rondes et des farandoles, avant qu'ils ne comprissent qui étaient parmi eux. Pour les cheveux de Griselda je dérobais à l'autruche, à l'aigrette, à l'oiseau de paradis et à mille autres encore, leurs plumes émaillées ; et je m'affublais comme d'un casque grotesque de la moitié d'un œuf d'æpyornis. Nous riions à perdre haleine à travers la brousse et la jungle, et les grands lacs envoyaient les ondes de ces rires heureux jusqu'aux montagnes, d'où l'écho rebondissait jusqu'aux plaines. Oh, quelle frairie[1], quelle fête colossale ce fut là ! Bien qu'une fois ou deux peut-être, nous eussions failli dépasser les bornes.

Le soir venu, enlacés par la taille, nous allions voir se coucher le soleil ; puis nous admirions l'étincellement des cieux, somptueusement zébrés d'incessants météores, les flammes qui jaillissaient des montagnes autour de l'horizon, la lueur dans les sous-bois des yeux des grands félins, le clignotement sans fin des lucioles à nos pieds. Alors je parlais à Griselda de la caverne où je l'amènerais ; du grand feu qui flambait sans cesse à son entrée, de nos bagarres lorsque l'un d'entre nous le laissait s'éteindre ; de nos exploits, des pièges, des javelots, et des festins qui s'ensuivaient. De son côté, elle ne se lassait pas de m'interroger sur sa belle-famille. Et elle me décrivait la sienne, sa pitoyable vie, la tyrannie jalouse dont je l'avais sauvée ; le chef de horde autoritaire et puritain[2], qui exigeait des femmes terrorisées une soumission totale ; comment il s'apprêtait juste-

1. Fête villageoise.
2. Adepte d'une morale rigoureuse.

ment à expulser ses fils bientôt pubères. Et c'est les yeux brillants, tels ceux d'un faucon, qu'elle s'écria :

– Oh, Ernest, comme je vais m'amuser !

Amour, amour, quand tu nous tiens !

14

Et puis, un beau matin, ce fut la fin de notre lune de miel. D'ailleurs il était grand temps de rejoindre le lieu du rendez-vous avec mes frères, et leurs compagnes s'ils avaient pu les capturer. Qu'Oswald eût réussi, j'en étais presque sûr ; mais beaucoup moins pour les deux autres. Griselda, quant à elle, ne se faisait aucun souci : ses trois sœurs auraient su, comme elle disait, « se caser ».

– Approchons-nous en douce, proposa-t-elle, pour voir qui a eu qui, et lesquels seront les premiers.

Comme je l'avais prévu, ce fut Oswald que nous trouvâmes en grande conversation avec une belle fille bien dodue, qui semblait suspendue à ses lèvres et le manger des yeux.

– Cette minaudière de Clémentine ! gloussa Griselda.

– … Et me voilà complètement seul, avec mon javelot brisé, était en train de conter Oswald, et pas un arbre en vue, et quand le buffle attaque, même le lion blessé s'enfuit. Que faire ? Sans hésiter, je bondis à sa rencontre et, m'appuyant sur ses cornes, sautai si vivement par-dessus lui qu'il n'eut pas même le temps de secouer la tête !

– Oswald, mais c'est terrifiant ! souffla la fille émerveillée.

– Une autre fois…, commençait Oswald, mais nous sortîmes de notre cachette, courûmes vers eux avec des cris de joie, et nous tombâmes dans les bras les uns des autres.

Un peu plus tard, quand nos deux femmes furent parties à la

recherche d'un peu de nourriture, j'interrogeai Oswald. Comment s'y était-il pris ? Il rit :

– Sans difficulté. Elle m'a bien fait courir un peu, mais une fille doit avoir sa pudeur, pas vrai ?

– Et tu as… euh !… cavalé longtemps ?

– Souviens plus, dit-il d'un ton désinvolte. Peut-être une quinzaine. C'est une bonne coureuse, que ma Clem, et puis je portais mon gourdin. Pas cessé un moment de m'amuser.

– Escaladé des montagnes ? demandai-je nonchalamment.

– Une ou deux, une ou deux, dit Oswald. Sa main caressa son crâne un instant. Joueuse comme une chatte, ma Clemmie. Et toi, qu'est-ce que tu as fait ?

– La même chose, en gros. Mais dis donc, Alexandre et Tobie m'ont l'air d'être encore… euh !… en train de chasser, à ce qu'il semble.

– Je me demande, dit Oswald avec une moue sceptique, si nous ne perdons pas notre temps à les attendre. M'étonnerait pas que leur affaire leur prenne un an ou deux.

Sur ces mots, de terribles craquements dans les broussailles nous firent sursauter. Comme si quelque animal balourd tel que le phacochère, le tamanoir ou le tatou[1] s'y était empêtré. Mais ce que nous en vîmes sortir, ce furent Tobie et une troisième fille, pliés comme deux chimpanzés et aveuglés de sueur, chacun portant une roche énorme et rouge.

– Caroline chérie ! hurlèrent Griselda et Clémentine qui

1. Deux mammifères édentés.

revenaient à ce moment. Et laissant tomber son fardeau avec fracas, la nouvelle venue se mit à jacasser avec ses sœurs, on eût dit trois perruches[1].

– Mais, Tobie, malheureux, dit Oswald, qu'est-ce que tu fabriques avec ça ?

Tobie déposa son rocher avec soin près de celui de sa compagne, et se releva en se tenant les reins.

– Oh, hello, mes p'tits vieux, dit-il. Fait chaud, hein ?

– Qu'as-tu ramassé là ? demandai-je.

Tobie sourit aux anges.

– Passionnant, dit-il. Jamais rencontré encore une pareille concrétion[2]. En train de l'expérimenter. Suppose que p'pa lui trouvera des possibilités prodigieuses.

– Tu ne vas pas nous dire que tu veux trimbaler ce chargement jusque chez nous ? Miséricorde ! Tu l'as traîné longtemps comme ça ?

– Un bon bout de chemin. On n'en trouve pas, dans nos parages, à ce que j'ai pu voir. Formée par les intempéries, j'imagine. Sorte de composé de poussières volcaniques. Caroline m'a aidé. Brave fille. Faut que je vous la présente. Caroline !

– Prétends-tu me faire croire, dit Oswald en détaillant la musculature de Caroline, que tu as pourchassé cette demoiselle avec un quart de montagne sur les bras ?

– Pourchassée ? ricana Caroline d'un ton maussade. Eh

1. Oiseaux.
2. Corps composé de plusieurs matières.

bien, ouiche ! J'avais beau lui tourner autour, monsieur ne s'occupait pas plus de moi que d'un croûton. Tout à ses stupides cailloux.

– Alors qu'est-ce que tu as fait ? demanda Griselda.

– J'ai dit : « Très occupé, à ce qu'on dirait ? » « Oui, plutôt », qu'il a dit sans même tourner la tête. Voilà ce qu'il a dit. Alors moi : « Quel nom vous vous donnez, monsieur-l'occupé-géologue ou quoi ? » Et lui : « Oh, rien qu'un amateur, je le crains. Mais donnez-moi donc un coup de main avec ce morceau-là, il est en train de se casser. »

– Tu l'as fait ? dit Griselda.

– Si je ne l'avais pas fait il ne m'aurait même pas regardée. Alors j'ai pris le morceau, qui s'est promptement cassé au-dessus de ses pieds, et après ça monsieur le géologue amateur eût été bien en peine de me chasser, vu qu'il se tenait sur une jambe comme une cigogne et croassait comme une corneille.

– Faut dire que Caroline est un bijou, glissa Tobie d'un air penaud. Elle a tenu les lions et les léopards à distance jusqu'à ce que je puisse marcher ; et après elle m'a énormément aidé dans mon travail.

– Énormément, ça oui, grommela Caroline.

– De sorte que nous voilà ensemble, conclut Tobie avec simplicité.

– Et nous aussi ! dit une voix timide derrière nous. C'était Alexandre, avec son gourdin sous un bras et, tendrement pendue à l'autre, la ravissante donzelle aux fesses d'hippopotame.

– Alex ! – Pétronille ! nous exclamâmes-nous, et il y eut une dernière fois présentations et félicitations.

Tandis que les femmes reprenaient entre elles leur babil[1] de perruches, nous demandâmes à Alexandre comment il s'y était pris pour conquérir la belle Pétronille : il était visible qu'elle l'adorait.

– Mais, dit-il l'air surpris, de la façon la plus normale, je suppose. J'étais caché dans les roseaux à observer les canards, des bêtes très intéressantes, vous savez, quand Pétronille est passée tout près. J'ai bondi et je l'ai assommée d'un coup de gourdin. C'est bien comme ça qu'on fait ? demanda-t-il d'un air inquiet.

– Absolument, dit Oswald, mais son visage valait la peine d'être vu.

– Tant mieux, dit Alexandre, rassuré. Je me demandais si ce n'était pas un peu rustaud, peut-être. Elle souffrait de migraine au réveil, la pauvrette, mais je l'ai bien fait rire avec des croquis de canards que j'avais dessinés sur le sable pendant sa catalepsie[2]. Nous avons passé une belle lune de miel, dit-il avec un sourire heureux. Vraiment belle. C'est merveilleux, l'amour, non ?

– Merveilleux ! proférâmes-nous en chœur.

Quelques jours plus tard, nous nous mîmes en route pour

---

1. Langage enfantin.
2. Évanouissement.

rentrer chez nous. Sans nous presser : à aucun prix Tobie ne voulait lâcher ses rochers. Caroline et lui titubaient pendant une douzaine de pas, puis devaient les poser par terre, les reprendre et recommencer. Plus d'une fois Caroline suggéra que ses sœurs pourraient l'aider un peu, mais elles lui répondaient : « Chérie, c'est ton mari. »

Aussi avions-nous tout notre temps pour des parties de chasse, de pique-nique, de tourisme, pour nous livrer à l'ornithologie[1] et même pour échanger nos points de vue sur l'art. En fin de compte, toutefois, nous atteignîmes des parages connus où il nous fallait avancer prudemment, afin d'éviter les pièges à sangliers. Bientôt nous aperçûmes haut dans le ciel une longue spirale de fumée noire, qui plongea nos compagnes dans une surprise sans bornes : elles se refusaient tout simplement à croire que ce pût être, non un volcan, mais une fumée industrielle.

Cependant, à mesure que nous approchions, nous nous coulions des regards inquiets. J'avais senti que quelque chose clochait. Oswald le renifla aussi. Puis Alexandre, les filles et même Tobie suant et ahanant[2] plié en deux. Ce fut Oswald pour finir qui exprima notre pensée à tous.

– Qu'est-ce donc qui pue à ce point ?

1. Science qui étudie les oiseaux.
2. Respirant bruyamment.

15

– Ça me rappelle quelque chose, dis-je, mais je n'arrive pas à préciser quoi.

– Ce n'est ni du cadavre ni du volcan, ça sent comme qui dirait entre les deux, renifla Oswald. Je me demande s'il n'y a pas eu un accident ici ou ailleurs.

– C'est pas désagréable, je trouve, dit Alexandre. Et même ça me produit un drôle d'effet : j'en ai l'eau à la bouche.

– C'est ma foi vrai, dîmes-nous les uns après les autres.

– Allons-y, dit Oswald, vaut mieux se rendre compte.

Nous forçâmes l'allure, Tobie et Caroline suivant laborieusement en arrière-garde. L'odeur étrange, piquante, provocante croissait à chaque pas.

Nous aperçûmes, avec soulagement, la horde au complet assise autour du feu. Toutefois celui-ci pétillait, crépitait, crachotait de façon anormale. Tous les quelques moments une tante ou l'autre se levait, fichait un bâton dans les braises et le ramenait à elle avec, au bout, une masse grésillante.

– Mais… c'est du jarret de cheval ! haleta Oswald.

– Et ça une côtelette d'antilope ! dis-je à mon tour.

Nous courûmes les derniers cent mètres, talonnés de près par les autres, et nous fîmes irruption dans le cercle de famille.

Cela fit sensation.

– Bienvenue, les enfants ! s'écria père, passé la première surprise.

– Bienvenue ! s'écria mère, et je vis couler des larmes de joie sur son cher visage zébré de suie. Juste à l'heure pour dîner ! ajouta-t-elle en riant.

Et puis ce furent les exclamations sans fin, les étreintes, les reniflements, les rires, les embrassades, les présentations.

– Clémentine ? Toujours veinard, ce vieil Oswald !

– Et ces yeux scintillants ? C'est Griselda ? Ernest pouvait-il tomber mieux, ma chère ?

– Pétronille ? Quelle beauté ! Qui eût cru qu'Alexandre attirerait les regards d'une fille aussi bien faite !

– Et celle qui arrive là, c'est Caroline ? Mais comme c'est gentil de nous apporter un souvenir ! Quel beau rocher ! Oh ! il ne fallait pas, c'est beaucoup trop vraiment !

Et ainsi de suite jusqu'à ce que je réussisse à me faire entendre :

– Maman, mais qu'est-ce que tu fais là ? Tu te sers de bonne viande comme de bois à brûler ?

– Mon Dieu, mon rôti ! s'écria mère en se précipitant vers le feu. Complètement oublié, avec ces retrouvailles. Il va être trop cuit… gémit-elle et, en hâte, elle retira du feu un gros morceau fumant de râble d'antilope[1]. J'en étais sûre, ce côté-là est complètement brûlé, dit-elle en l'examinant. Heureusement qu'Ernest m'a prévenue.

– T'en fais pas, ma chérie, dit père. Tu sais que j'aime le roussi bien croquant. Je prendrai l'extérieur avec plaisir.

Pour moi, tout ce dialogue était du latin.

---

1. Partie charnue du dos de l'antilope.

– Mais enfin, de quoi parlez-vous ? suppliai-je abasourdi.

– De quoi ? Mais de cuisine, tiens !

– Mais qu'est-ce que c'est que toute cette cuisine ? m'énervai-je.

– Notre dîner, dit père. Et tout à coup : Oh ! mais j'y pense, c'est vrai que c'est nouveau pour vous, tout ça ! Votre mère ne l'avait pas encore inventé, fils, avant votre départ. Cuisiner, mes enfants, cela veut dire… eh bien… c'est une façon de préparer le gibier avant de le mastiquer. Une méthode entièrement nouvelle pour… euh !… réduire les muscles et les ligaments dans… euh !… une forme plus friable, de sorte que… eh bien…

Mais, cessant de froncer le sourcil, il se mit à sourire gaiement :

– Oh, après tout, pourquoi essayer d'expliquer ? Le mouvement se prouve en mangeant. Goûtez et voyez vous-mêmes.

Nos compagnes et nous faisions cercle autour de l'étrange morceau de viande, noirci, rétracté, mais plein d'arôme, que mère nous présentait. Les femmes, décontenancées et que le feu avait quelque peu effrayées déjà, reculaient timidement. Mais Oswald, vaillamment, leva son mufle, mordit dans la tranche de viande que mère, d'une lame de silex, avait habilement détachée, la poussa du doigt dans sa bouche. Aussitôt son visage devint cramoisi. Il postillonna, s'étrangla, suffoqua, déglutit violemment et se tortilla sur lui-même. L'eau jaillit de ses yeux tandis qu'il se tapotait follement les lèvres et la gorge, en haletant.

– Oh ! désolé, Oswald ! dit père. Bien sûr, tu ne pouvais pas savoir. J'aurais dû te prévenir que c'était très chaud.

– Cours à la rivière, mon petit, dit mère, et bois un peu d'eau, ça te soulagera.

Dans un éclair Oswald eut disparu, et un moment plus tard nous entendions le bruit d'un violent plongeon.

– Nous autres, nous y sommes habitués, dit père, mais au début il faut s'y prendre avec précaution. Le mieux, c'est de souffler dessus pour commencer, puis de mordiller petit à petit par l'extérieur. Mais vous verrez qu'en un rien de temps vous vous débrouillerez très bien.

Munis de ce mode d'emploi, nous nous mîmes au travail. Oswald nous avait rejoints. Nous nous brûlâmes quand même un peu pour commencer, mais ça valait la peine. On eût dit que la viande, sous nos dents, capitulait sans condition. Le goût, ce mélange de cendre et de chair brûlée, de filets attendris et de graisse fondante, était enivrant. Et le jus ! Ce jus rouge ! De l'ambroisie[1]. À peine s'il fallait encore mastiquer sérieusement. La puissance élastique d'un muscle strié, qui avait imprimé à un gnou de trois cents kilos une vitesse de quatre-vingts à l'heure, vous fondait littéralement sur la langue. Ce fut une révélation.

– M'man ! Comment as-tu dégotté ça ? m'écriai-je dans l'enthousiasme. Mais elle se contenta de sourire, et ce fut William

1. Nourriture des dieux chez les Grecs.

qui, de sa voix de fille, répondit d'un air important, mais où perçait la rancune : « C'est mon pauvre petit cochon ! »

Père confirma qu'en effet William avait eu sa part dans cette stupéfiante invention, dont on était loin d'avoir épuisé les innombrables possibilités. Nous nous souvenions de Chiffon, le chien ? Eh bien, après notre départ pour chercher des femmes, William avait recommencé ses expériences, cette fois avec un jeune marcassin[1] qu'il appelait Bobosse, et qu'il tenait en laisse au bout d'une liane. Rarement avait-on vu bête plus récalcitrante, plus sale, plus puante. Malgré sa laisse il vous butait à tout moment derrière les genoux, ou bien courait autour des gens jusqu'à les avoir quasiment ligotés, et il en profitait pour les mordre.

Un jour que tout le monde était à la chasse, sauf mère et les bébés, il s'était ainsi ligoté lui-même à une grosse bûche, et mère, dans la pénombre, n'y avait pris garde en mettant la bûche sur le feu.

– C'est ce qu'elle dit, grogna William.

– Ainsi Bobosse fut brûlé vif, dit père. Mais en quoi votre mère s'est montrée plus que brillante, c'est qu'elle ne l'a retiré du feu ni trop tôt ni trop tard, et qu'elle a deviné qu'il serait meilleur à manger s'il n'était ni trop cru, ni trop consumé. Exemple remarquable de pensée intuitive, tranchant dans un éclair au cœur même du problème : synthèse instantanée d'un

---

1. Petit du sanglier.

faisceau d'idées éparses, que l'encéphale d'un singe ordinaire serait absolument inadéquat à…

– Mais, maman, demandai-je, qu'est-ce qui t'a fait penser que du cochon brûlé serait bon à manger ?

– C'est un peu bête, vois-tu, dit mère. Je me faisais du souci pour papa, qui se plaint souvent, maintenant, d'acidités, surtout après de l'éléphant pas assez mortifié ; et puis, quand le pauvre goret[1] de William a commencé à grésiller, ça m'a rappelé la drôle d'odeur d'oncle Vania quand il s'était brûlé au talon sur la braise, et celle de tante Pam quand elle s'était assise dessus, et combien mortifiée leur chair s'était trouvée aux endroits brûlés. Et voilà.

C'était donc pour ça, pensai-je, que l'odeur du rôti nous avait paru à tous si familière.

– C'est du génie, dit père avec un profond respect. Du pur génie. Un pas incalculable pour toute l'espèce. Les possibilités sont prodigieuses.

– Est-ce qu'on peut cuisiner d'autres viandes que du cochon ou de l'antilope ? demanda Oswald.

– Toutes ! s'écria père plein d'euphorie. Plus l'animal est grand, plus il faut un grand feu, c'est tout. Qu'on m'apporte un mammouth et je me charge de le rôtir.

– D'accord, j'en apporterai un, dit Oswald.

– Fais-le, dit père, et nous aurons une grande fête de horde. De toute manière il faut en faire une, un énorme gueuleton, tu

---

1. Cochon.

vois ça, avec discours après dîner. Oui, dit-il en nous regardant d'un drôle d'air, il y aura sûrement un discours, vous n'y échapperez pas.

Oswald échafauda sur-le-champ des plans pour une chasse de grande envergure. Dans les jours qui suivirent, je remarquai que père se reposait pour toutes choses sur lui, et passait le plus clair de son temps avec Tobie, dans la brousse, d'où ils ne revenaient qu'aux heures de repas, gardant un silence mystérieux.

Mais je me chagrinais d'Elsa. Elle avait changé. Quand j'avais parlé d'elle à Griselda, pendant la lune de miel, celle-ci m'avait dit : « Je suis sûre que nous serons grandes amies. » De sorte qu'il m'était venu à l'esprit que nous pourrions bien vivre ensemble tous les trois, quoi qu'en dise papa, et fonder sous ma loi une fameuse horde. Les chimpanzés ont bien un harem. D'emblée, d'ailleurs, Elsa et Griselda s'étaient beaucoup plu. Toujours fourrées ensemble, Griselda montrait à Elsa comment s'orner le cou de peaux de bêtes et les cheveux d'arêtes de poisson et d'orchidées, en retour Elsa lui enseignait la cuisine. Mais moi, dans tout ça, j'étais mis à l'écart. Quand je m'approchais d'elle pour lui parler, Elsa me rabrouait : « Laisse-moi tranquille, Ernest. Je suis occupée, tu vois bien. » Ou bien, quand je lui donnais les rognons grillés que j'avais trouvés dans ma portion d'agneau, elle les repassait aux enfants, ou même à Griselda en disant : « Tu devrais apprendre à Ernest comment se tenir à table. » C'était d'autant plus mortifiant qu'Elsa était devenue entre-temps une jeune femme ravissante, presque aussi généreuse en rondeurs et couleurs que Griselda.

Quant à père, il avait une façon de s'affairer autour d'elles qui m'exaspérait. Quand il rentrait, très las, parfois découragé, de ses expéditions secrètes avec Tobie, il ne se plaisait qu'en leur compagnie. On les entendait rire tous les trois. À plusieurs reprises je tombai sur papa se promenant en sandwich entre elles deux, les tenant l'une et l'autre par la taille. Il ne montrait aucune confusion.

– Eh ! tu vois, criait-il, ton vieux papa peut encore décrocher une paire de jolies filles !

– Je croyais, répliquais-je fraîchement, que tes intérêts étaient purement scientifiques.

Je ne comprenais pas pourquoi il semblait trouver la situation merveilleusement drôle. Quand ensuite je me plaignais à Griselda, elle frottait son nez contre le mien.

– T'en fais pas, vilain jaloux. Je cultive ta famille. Mais c'est toi seul que j'aime, va, et que je garde.

Mais j'étais quand même malheureux.

Les repas cuisinés, pris aux heures régulières, changeaient considérablement notre vie, nous nous en aperçûmes. Le temps perdu naguère à mastiquer, Oswald l'employait à présent à faire des plans de chasse, père des expériences, et moi de l'introspection[1]. C'était bouleversant d'observer la quantité de choses qui se déroulait derrière le front, au-dessus des mâchoires, indépendamment de celles qui se passaient devant mes yeux. À tel point que, quand je dormais, ces événements intérieurs ne ces-

---

1. Réflexion sur soi-même.

saient pas, se faisaient même plus vifs et plus nombreux. Toutefois j'en perdais le contrôle, et ils devenaient comme un reflet sur la surface d'un lac, une étrange image de ce monde extérieur dans lequel se mouvaient mes membres. Et pourtant, dans le monde nocturne, j'avais aussi un corps. Un corps fantomatique qui parfois filait à cent à l'heure à travers la jungle, d'autres fois était collé au sol quand désespérément je voulais fuir devant un léopard. Rêveries ? Facile à dire, mais pas à effacer : c'était d'une réalité tout aussi consistante que mon coup-de-poing de silex, et si imprévisible, si effrayant que fût le monde extérieur, celui de l'intérieur l'était encore plus.

Par exemple, une nuit, je fus poursuivi par un lion pendant des heures. Quand je fus aux abois, je lançai mon javelot – devenu plus léger qu'un roseau. Pourtant il embrocha le lion comme il l'eût fait du gibbon rôti que j'avais mangé à souper, et d'ailleurs, étrangement, le lion était le gibbon aussi. Sur quoi, bien que mort, il me disait gaiement : « Enfin, Ernest, tu as fait quelque chose pour l'espèce ! Tu as supplanté l'animal-potentat[1]. Les possibilités sont prodigieuses. Bien exploitées, elles mèneront la subhumanité aux branches les plus hautes de l'arbre évolutionnaire. Alléluia ! Alléluia ! Mes yeux auront vu venir la fin du pléistocène ! »

Je m'éveillai sous les étoiles, tremblant de sueur, cette voix familière encore dans mes oreilles. Depuis ce rire j'évite de manger du gibbon.

---

1. Qui détient le pouvoir absolu.

16

Oswald nous dit que ses plans de campagne étaient prêts. La veille au soir il était revenu d'une vaste opération de reconnaissance, et nous avait informés qu'une importante colonne de mammouths, d'éléphants, de bisons et de buffles, couverte par une avant-garde de grands ongulés rapides, faisait mouvement dans notre direction ; et que, selon lui, elle se trouverait au matin dans une bonne position pour être attaquée. Le lendemain à l'aube, toute la horde s'ébranla, laissant mère et tante Gudule veiller sur les enfants trop jeunes pour porter les armes. Père, laissant à Oswald la responsabilité et le commandement, s'était mis sous ses ordres et le secondait avec compétence. Oswald déploya le gros de ses forces sous le vent de l'ennemi, de façon à former une sorte de nasse où celui-ci viendrait se faire mettre en pièces. Un petit détachement, formé surtout de femmes, tournant les troupes adverses dans une marche forcée à travers la brousse, devait tomber sur leurs arrières, moyennant grands bruits et hurlements, les pousser dans le piège tendu. Les enfants faisaient la liaison : à mesure que chaque détachement se mettait en position, ils venaient en informer le poste de commandement. Oswald, avec son état-major, s'était installé au sommet d'une colline, d'où il pouvait contrôler les opérations et dépêcher des renforts aux chasseurs en difficulté.

Tout se passa très bien. Effrayés par les rabatteuses, les troupeaux se jetaient aveuglément dans les embuscades successives.

Certains effectifs d'Oswald refoulaient mammouths et éléphants sur ces positions préparées à l'avance, où des fosses et des pièges les attendaient, tandis que d'autres décimaient de leurs dards chevaux, zèbres, buffles, élans, et même des gazelles pour nous assurer des mets en variété.

Ce fut une hécatombe[1]. En moins d'une semaine nous avions ramassé plus de viande pour le garde-manger que nous ne pouvions en transporter. Mais, comme d'habitude, il nous fallait partager le butin avec une meute de chacals, d'hyènes, de milans, de vautours, qui rappliquaient de tous les azimuts pour se gaver à nos dépens.

– Eh bien, eh bien, dit père, jetant un regard satisfait sur ce carnage, vous vous souvenez du temps où c'était nous qui venions fouiller dans les poubelles ? À présent, ce sont eux qui nous suivent, dit-il avec fierté.

D'une pierre bien placée il délogea une hyène qui, sanglotant de dépit, s'enfuit en boitillant.

Maman nous attendait avec un feu considérable. Nous fabriquâmes brochettes, broches et tournebroches avec du bois vert. Nous étalâmes des braises pour les grillades, entassâmes des cendres pour cuire les œufs d'autruche, d'æpyornis, de cigogne, de flamant. À la nuit, une fantastique lueur éclaira le pays tout alentour. Peu après, froufroutant à travers les arbres, oncle Vania se présenta.

---

1. Massacre.

– Hé ! Vania ! cria père joyeusement. Tu viens manger la soupe ? C'est gentil de te joindre à nous.

Oncle Vania contemplait d'un air réprobateur les ripailles qui se préparaient. Il en reniflait l'arôme, narines dilatées.

– Toujours de mal en pis, Édouard, dit-il sombrement. As-tu seulement pensé à ce que cette cuisson illégitime va faire à vos gencives ? Je ne serais pas surpris que la moitié d'entre vous ne souffrît déjà de carie dentaire. Oui, je reste, dit-il, n'insiste pas. Mais ce n'est pas sans une profonde mélancolie, tu peux me croire.

Nous pûmes néanmoins le persuader de goûter à tous les plats, et, pour autant que j'aie pu voir, il ne s'en farcit point la panse moins gaillardement que les autres.

Ah ! quel barbecue de tonnerre ce fut là ! Et d'un art culinaire plus qu'homérique : comme entrée, tous les genres de viande, rôtie, grillée, au jus ou à l'étouffée ; comme plat de résistance, des tranches de cuissot d'éléphant, bison et antilope, mises en sandwich entre une couche de graisse et une de jambon cru de marcassin. Quand les cuissots étaient bien chauds, nous les arrosions d'un coulis fait du sang des animaux, de jus de groseilles sauvages et de jaunes d'œufs d'æpyornis, et nous faisions flamber le tout dans les flammes dansantes. Ensuite nous retirions l'intérieur, le découpions en petits morceaux, et le rôtissions à la broche. Un régal.

Quand le repas fut terminé, père se leva et prit la parole.

– Parents, compagnes, fils et filles ! commença-t-il. Je ne

veux pas laisser passer cette heureuse et faste occasion sans en dégager, en quelques mots, la signification, sans passer en revue nos résultats passés et nos tâches futures. Ce soir, nous souhaitons officiellement la bienvenue aux charmantes demoiselles qui viennent partager, avec les quatre aînés de nos jeunes mâles, la vie de notre horde. Mais la portée de l'événement dépasse le simple accueil. Car leur arrivée parmi nous inaugure une nouvelle coutume : désormais le jeune pithécanthrope ne prendra plus sa femme au sein de sa propre famille, mais il devra partir la conquérir dans d'autres hordes ; tandis que de leur côté les filles subhumaines quitteront père et mère pour suivre l'élu de leur cœur[1]. Cette noble institution, n'en doutons pas, va libérer des énergies nouvelles, accélérer le rythme du progrès moral et matériel au sein des sociétés subhumaines. Je suis convaincu déjà qu'après cette magistrale expérience, si pénible qu'elle pût être au début, ceux qui l'ont faite n'ont eu qu'à s'en féliciter.

– Oui, oui, très bien ! approuvèrent à gauche Oswald, Tobie, Alexandre et les femmes.

Père se tut un moment pour leur laisser le temps d'applaudir, s'inclina et reprit :

– Dans le domaine technologique, les résultats aussi sont en bonne voie. La production des outils de silex excède les plans prévus, et si leur amélioration reste encore un peu lente, elle est incontestable et continue. D'autre part, la maîtrise du feu constitue dans notre économie une véritable révolution, elle

1. Voir Genèse 2, 24.

nous assure un avenir brillant et une arme invincible pour la suprématie[1] mondiale.

– Hou ! hou ! scandaleux ! l'interrompit à droite oncle Vania. Tobie, vois donc si tu peux fendre ce fémur pour moi, mon garçon. La moelle manque de cuisson et ne veut pas sortir.

– Vania, dit père, je pensais bien que tu réagirais, mais cet avenir n'est-il pas évident ? Crois-tu que nous pourrions nous contenter d'avoir jeté les ours hors de cette caverne ? Ce n'était que la première victoire d'une longue guerre sans fin. Tous les jours, des pithécanthropes tombent au champ d'honneur, mangés par des carnassiers, écrabouillés par des éléphants et des mastodontes, transpercés par des rhinocéros, piqués à mort par les serpents doués de venin et comprimés à mort par ceux qui ne le sont pas. Et ce qui survit de notre espèce à ces cornes, ces crocs, ces sabots, ce venin, tombe sous les atteintes d'autres ennemis mortels, dont beaucoup sont si minuscules qu'ils échappent à la vue, en nombre si infini qu'il nous est – pour le moment – impossible de les vaincre. Le temps est bref que passe un sous-homme sur terre, et le genre subhumain est constamment en danger de s'éteindre. À toute cette menace, à cette hostilité, quelle est notre réponse ? Le défi ! Nous nous appliquerons à exterminer toutes les espèces qui nous ravagent, à n'épargner que celles qui se soumettront. À toutes nous proclamerons : « Prenez garde ! Ou bien vous serez nos esclaves, ou

1. Domination.

bien vous disparaîtrez ! Car nous serons vos maîtres par notre supériorité en tout : dans un supercombat nous vous superéliminerons par la superpensée, de superruses, un superpeuplement, une superévolution ! Voilà notre politique, et il n'y en a pas d'autre. »

– Si, il y en a, jeta oncle Vania.

– Laquelle ?

– *Back to the trees !*

– C'est ça, dit père avec mépris. Retour au myocène.

– Qu'est-ce que tu lui reproches, au bon vieux myocène ? grommela oncle Vania. Les gens savaient se tenir à leur place.

– Oui, et que sont-ils maintenant ? dit père. Des fossiles ! On peut avancer ou reculer, Vania, rester sur place est impossible – même dans les arbres. Je dis que le pithécanthrope ne peut avoir qu'un seul devoir : de l'audace, encore de l'audace, toujours de l'audace[1] ! En avant vers plus d'humanité, plus d'histoire, plus de civilisation ! Donc, mes amis, décidons-nous dès ce soir.

Boum ! Bou-boum ! C'était oncle Vania qui protestait en faisant résonner sa poitrine de ses poings, comme un grand gorille dédaigneux. Père éleva la voix :

– Jurons de ne jamais être satisfaits, de toujours vouloir mieux. Dans la taille du silex, progressant du paléolithique au néolithique[2]…

1. Phrase prononcée par Danton avant la bataille de Valmy (20 septembre 1792).
2. Âge de la pierre polie et de la découverte de l'agriculture.

Suip' ! Suip' ! Si-suip' ! C'était Tobie qui, d'enthousiasme, frappait l'un contre l'autre deux noyaux de silex.

– Sur le champ de bataille, améliorons sans cesse la puissance et la portée de nos missiles…

Dang ! Dang ! Dan-dang ! Cette fois c'était Oswald qui entrechoquait ses javelots.

– Sur le front intérieur, que les arts ménagers nous libèrent chaque jour davantage pour la lutte suprême…

Avec un grand sourire, mère se fit des castagnettes des petits osselets avec lesquels elle encourageait les bébés à sortir leurs dents de lait.

– Que les beaux-arts se développent et stimulent en nous l'observation de la nature…

Alexandre, s'emparant d'une corne de bélier qui traînait, souffla dedans pour en tirer un mugissement étrange.

– Et que ceux dont la contribution à cette entreprise grandiose s'est limitée jusqu'à présent à du vent et à des chicanes, fassent fonctionner leur encéphale…

Je me mis à siffler, par dérision, car je me sentais visé ; et le vacarme devint si énorme, que l'on n'entendit pas la fin du discours.

Mais alors, subitement, la voix de père se leva de nouveau, heureuse et pressante, au-dessus de ce tintamarre :

– C'est ça ! Continuez ! Allez, allez ! Voilà, nous encouragea-t-il, voilà, ça vient ! *Presto*, Oswald ! Ernest, maintiens ta note haute ! Bravo pour la batterie, Vania, c'est parfait, et toi pour la percussion, Tobie ! Alexandre, le cor ! Allons, maman, les castagnettes ! Plus vite, Vania, plus fort…

Une baguette aux doigts, et nous faisant signe à tour de rôle, père, de sa main libre, encourageait l'un, modérait l'autre. Le tumulte commençait de prendre forme. Il se mettait à vivre, et à se balancer, allant, venant, s'enroulant et se vrillant sur lui-même, comme un serpent aux vives couleurs.

Derrière nous, les femmes s'étaient levées. Lentement d'abord, puis plus vivement, elles traînaient les pieds, allant et venant, elles aussi, et battaient l'air des poings et des coudes.

– Allez, allez ! criait père à pleine gorge, tandis que la ligne des femmes approchait du feu.

– Tenez la cadence ! *Molto allegro ! Presto ! Prestissimo !* À vous, la batterie ! *Forte*, les castagnettes ! Ici, le cor ! Allons, du nerf, plus enlevé ! criait-il.

Là-bas, les lions emplissaient la forêt de rugissements réprobateurs. La trompette des éléphants nous injuriait du fond des marécages. Les chacals aboyaient, les loups hurlaient. Mais nous, notre temps sur terre avait beau être court, et clairsemée l'espèce, et rude le combat pour survivre, et interminable devant nos yeux l'âge paléolithique, nous, nous dansions !

La sueur coulait tout le long de nos mufles et de nos flancs, tandis que nous tapions à qui mieux mieux ; oncle Vania était couvert de bleus ; père avait la voix rauque ; mais les femmes tournoyaient toujours, avançant et reculant, et tourbillonnant et ululant dans la lumière du feu. Seigneur ! quelle danse ce fut, cette première danse-là !

Elle prit fin d'un seul coup. Soudain firent irruption une demi-douzaine de silhouettes sauvages ; d'un bond elles furent au milieu des femmes, et l'instant d'après en enlevaient plusieurs parmi les hurlements et les battements de jambes, comme des aigles emportant leur proie. Anne, Alice, Dorine disparurent ainsi au cœur de l'obscurité, et bon nombre de tantes. Bien que je fusse hors d'haleine à force de siffler, je me jetai à leur poursuite, mais, de façon inexplicable, je trébuchai sur une jambe soudain tendue de Griselda et m'étalai de tout mon long.

Oswald lança trop tard un ou deux javelots, quant à Tobie et Alexandre, ils étaient bras ballants de surprise. Tante Barbe s'était réfugiée entre les bras d'oncle Vania, comme une belette dans son terrier. Père, lui, contemplait la scène sans émotion, le bâton levé comme si notre concert allait reprendre. Pour ce qui était de nos sœurs, le rapt était intégral.

Encore tout étourdi, je m'efforçai de rassembler mes sens pour organiser la poursuite.

– Laisse mes frères en paix, Ernest, me dit Griselda et je restai stupide.

– Eh bien, maman, dit père, voilà nos filles casées. Ne pleure pas. Ce sont des cordons-bleus et elles feront d'excellentes épouses. Ainsi va le monde, tu vois.

Je compris tout dans un éclair. Père et Griselda ! Mes yeux allaient de l'un à l'autre. Voilà donc ce qu'ils mijotaient tous les deux – tous les trois, avec Elsa ! L'ignoble perfidie !

– Tu avais tout manigancé ! éclatai-je.

– Mais non, fils, dit père. Disons que j'ai laissé faire la nature – en la guidant un peu, c'est tout.

– Mais ils m'ont laissée, moi ! gémit tout à coup tante Barbe. Ils ont ravi Aglaé, Gudule et Amélie, et moi ils m'ont laissée !

En effet elle était, de toutes nos tantes, la seule veuve qui restait.

– Ils ne doivent pas être bien loin, dit père en souriant.

En un moment, tante Barbe disparut dans la nuit, sa longue tignasse au vent. « Attendez ! » criait-elle, et nous pûmes entendre, dans la jungle, son appel qui faiblissait en s'éloignant : « Attendez-moi ! Attendez-moi !… »

17

Quelque temps après, en cours d'après-midi, père et Tobie surgirent en trombe dans la caverne et hurlèrent : « Hourrah ! »

– Qu'est-ce qu'il y a ? demandâmes-nous.

– Il y a que je l'ai fait, enfin ! annonça père.

– Qu'est-ce que tu as encore fait ? soupirai-je d'une voix résignée.

– Venez voir, dit père. Ne leur dis pas, Tobie ! Il exultait.

Nous les suivîmes à travers la brousse, gravîmes une colline, et de l'autre côté, dans la vallée, nous vîmes crépiter un grand feu.

– Voilà, dit père avec un geste emphatique[1].

– Encore un feu, dîmes-nous. Et alors ?

– Oui, mais celui-là, c'est nous qui l'avons fait.

– Mais les autres aussi, dit mère.

– Mais sais-tu d'où il vient ?

– Du volcan, dit mère, d'où viendrait-il ? Bien que tu aies fait rudement vite, cette fois, remarqua-t-elle.

– Fini, le volcan ! dit père joyeux. Plus besoin de volcan ! Nous l'avons fait tout seuls !

– Mais… à partir de quoi ? demandai-je.

– De rien, dit père. Ou plutôt, de ce rocher rouge que Tobie a rapporté du lac : c'est un matériau sensationnel. Quand on le frappe avec un silex ordinaire, il n'en sort pas une ou deux

1. Exagéré.

maigres étincelles, mais toute une flopée. La seule difficulté, c'était de les capter. On a tout essayé. Enfin, nous avons trouvé !

– Et c'était quoi ?

– D'ordinaires feuilles sèches, fils ! Est-ce que ça pouvait être plus simple ? Regarde : on les réduit en poudre entre les paumes. On en fait un bon petit tas par terre, comme ceci. Maintenant vas-y, Tobie, ordonna-t-il, et Tobie, agenouillé, frappa les pierres l'une contre l'autre. Regarde-moi ces étincelles ! Et maintenant, voyez : d'abord cette rougeur minime qui n'a presque pas l'air d'être du feu du tout. Souffle, Tobie ! Voyez, ça prend. Là-dessus des brindilles… puis des rameaux bien secs… puis des branchettes… et voilà, un nouveau feu de fait ! Qu'est-ce que vous en dites ?

– Bravo, admis-je.

– Un simple éclat de cette roche, un silex, et où que vous soyez, le tour est joué ! Feu à volonté ! Les possibilités sont prodigieuses.

– Dis donc, ton feu là-bas devient rudement grand, lui fis-je remarquer.

– Oh, il s'éteindra dans un moment, dit père. Nous l'avions fait tout petit.

– Es-tu bien sûr qu'il va s'éteindre ? demandai-je, inquiet.

Car loin d'en avoir l'air, il me semblait qu'il gagnait au contraire de moment en moment. La fumée se déroulait en nuages épais et commençait de nous atteindre. Les enfants se mirent à tousser. Un ronflement énorme vint de la plaine.

– Cela va se calmer, dit père, mal à l'aise. Nous n'avions mis qu'une ou deux bûches dessus, pour le garder en vie pendant que nous allions vous chercher.

– Une ou deux bûches ! dit Oswald. Mais regardez-moi ça !

À mi-pente de la colline, un buisson d'épines jaillit en flammes tout d'un coup. Le vent se levait. Des étincelles commencèrent de voler par-dessus nos têtes.

– C'est embêtant, dit père en mordillant ses lèvres.

Une touffe d'herbe sèche se mit soudain à flamber sous ses pieds.

– Très, ajouta-t-il et il sauta en l'air. Reculons un peu, c'est plus prudent, dit-il. Tout en marchant je tâcherai de penser à quelque chose pour l'arrêter.

– Oui, dis-je avec hargne, et tu feras bien de penser vite : ça brûle déjà tout autour, de ce côté !

Il y eut une grande clameur : c'étaient les femmes. Un océan de feu entourait la colline et gagnait rapidement vers le sommet. Toute la plaine semblait en flammes, et une ligne incandescente s'approchait et s'élargissait constamment.

– Il reste un passage là-bas ! cria Oswald, et il hissa l'un des enfants sur ses épaules. Attrapez les gosses et courez ventre à terre !

Nous dévalâmes la pente et atteignîmes l'ouverture en question avant qu'elle ne se fermât. Mais la chaleur était féroce, les craquements assourdissants. On ne voyait plus le soleil noyé dans la fumée. Nous respirions difficilement et plus difficile encore était de voir d'où venait le feu. Des langues de flammes zébraient le brouillard noir, d'un côté, puis de l'autre. Des flammèches rampaient sous nos pas et déjà nos pieds et nos jambes se couvraient de cloques douloureuses.

– À la caverne ! cria père. Nous serons en sûreté à l'intérieur. Nous fonçâmes en avant, toussant et suffoquant avec les gosses terrorisés et se tortillant et hurlant de douleur dans nos bras. Mais le feu avait couru plus vite que nous.

– Impossible, p'pa ! cria Oswald. On ne pourra pas traverser. Il faut rebrousser chemin !

Il n'y avait ni caverne, ni rivière, ni quoi que ce fût qui pût arrêter le feu dans cette direction-là, et s'il nous rattrapait, nous étions cuits. Mais nous n'avions plus le choix.

– Restez ensemble ! cria père. Oswald, en avant ! Je me charge des femmes.

Il arracha une tige d'un fourré de bambous, et l'appliqua avec élan sur les fesses de Pétronille, qui traînait en queue des fugitifs haletants.

– Plus vite ! cria-t-il.

– Je ne peux plus, gémit-elle, je suis brisée.

– Non, tu ne l'es pas ! Avance ! rugit père. Elle titubait, mais père l'asticota jusqu'à ce qu'Alexandre, déjà chargé de deux bébés, lui offrît un bras secourable. Elle s'y accrocha, et le bambou de père s'abattit sans pitié sur un autre traînard.

Nous courions, mais nous n'étions plus seuls à courir. Hors des sous-bois jaillissaient céphalophes, antilopes, zèbres, impalas, phacochères, ils se joignirent à nous, les yeux exorbités par la terreur.

Devant Oswald, un petit troupeau de girafes galopait et lui servait d'éclaireur. Mais toutes les autres bêtes demeuraient avec nous, et nous faisaient humblement confiance pour les tirer de là. À mon côté, je vis surgir lourdement une jeune lionne avec un lionceau nouveau-né dans ses dents. Elle le laissa tomber devant moi, l'air suppliant, et retourna dans les flammes, en bondissant. Elle en revint avec un autre lionceau, mais la toison un peu brûlée. Elle soulevait l'un, le portait devant nous, allait rechercher l'autre, et ainsi de suite, et pourtant parvenait à rester à notre hauteur, sans un regard pour les gazelles dont elle frôlait les flancs transpirants. Plus loin nous fûmes rejoints par un guépard portant un seul petit, plus loin encore par une famille de babouins chargés de jeunes sur leur dos. Enfin il y eut un craquement énorme et, d'une euphorbe[1] géante dont le sommet commençait de brûler lentement, oncle Vania tomba aux pieds mêmes de père.

– Je l'avais bien dit, je l'avais bien dit ! rugit-il. Tu as réussi ton coup, hein, cette fois, Édouard ! C'est la fin du monde !

– Fais avancer ta femme, dit père. Tu arrives juste à temps.

Et cette tâche, dès ce moment, absorba toutes les énergies d'oncle Vania.

Il me semblait que nous avions passablement distancé le feu. Toute la bande à présent dévalait un ravin rocheux peu profond. Il débouchait sur une vaste région d'herbe sèche et de brousse. Si le feu nous trouvait là, c'était la fin. Or les bêtes maintenant nous arrivaient de partout, comme dans un dernier

1. Plante.

havre de grâce. Même les serpents, terrifiés, nous sifflaient entre les jambes, ondulant à travers l'herbe haute. Seuls les oiseaux là-haut semblaient en sécurité, et des buses, des faucons et autres rapaces profitaient même de nos désastres pour piquer et emporter de petites proies faciles.

Il était inutile d'aller plus loin : les girafes revenaient au galop. Le cercle était bouclé.

Je grimpai en haut des rochers. J'y trouvai, côte à côte, couchés sur le flanc, hors de souffle, des lions, des boucs, des léopards, des hyènes, des antilopes, des cochons, des babouins, contemplant d'un regard dilaté l'horizon en flammes. Deux longues cornes de feu s'avançaient très loin et déjà se refermaient presque. Et ce qui était pire, c'était que le vent tournait et que les flammes revenaient vers nous.

– Nous sommes fichus, criai-je. Plus de sortie.

– Il nous reste combien de temps selon toi ? cria père.

– Pas plus d'une demi-heure.

– Descends.

Je le trouvai donnant des ordres avec calme, d'une voix tranchante, autoritaire :

– Tous les enfants contre les rochers. Les autres, partagez-vous en deux : une moitié avec Tobie, une moitié avec moi.

Ils coururent chacun de leur côté. Moi, j'avais suivi père. Il s'arrêta, et je vis avec terreur qu'il perdait la raison : il s'était agenouillé, frappait de son silex, et tentait d'allumer du feu !

– Tu es fou ? m'écriai-je.

– Tais-toi et obéis, dit-il d'un ton sec. Dès que le feu prendra, soufflez dessus, vous autres, pendant que j'en allume un autre un peu plus loin. Laissez-le s'étendre un peu et éteignez-le avec vos bâtons dès que le sol sera nu. C'est notre seule chance, dit-il.

Le cerveau fonctionne vite quand on a peur, je devinai sa stratégie. Et nous nous mîmes tous au travail fébrilement. Avec ce qui nous semblait une lenteur désespérée, nous brûlions l'herbe en de petits feux supportables et la battions et piétinions au fur et à mesure, étendant la zone noire et incombustible autour de notre sanctuaire rempli de femmes, d'enfants et d'animaux épouvantés. Pendant ce temps, un mur de flammes, une ligne de rhinocéros rouges et menaçants, s'avançaient inexorablement.

Ils s'élancèrent vers nous au moment où nous terminions. Nous n'eûmes que le temps de faire un saut en arrière. Une vague énorme de chaleur étouffante nous jeta titubants contre les rochers déjà brûlants. Nous arrachions frénétiquement des touffes de tussilage pour les presser sur la bouche et les yeux des enfants, tandis que les animaux hurlaient et se tortillaient dans le monstrueux nuage de fumée qui, chargé de brindilles brûlantes, effaçait tout.

Cela dura une éternité, nous sembla-t-il, mais pour finir le nuage passa, nous contourna et reflua vers la jungle carbonisée. La respiration devint moins difficile. Et alors, les animaux, nous-mêmes, tous, nous fûmes saisis d'un seul et identique désir, obsédant : aller boire. Dès qu'il fut possible d'avancer parmi les cendres et les braises, lentement toute la cohue s'ébranla, bipèdes et quadrupèdes, trébuchant de conserve à travers ce qui naguère avait été la brousse. Personne n'attaquait personne, chacun portait ou guidait ses propres petits et nous titubions vers les abreuvoirs où les crocodiles attendaient. Mais jamais encore ils n'avaient vu un tel rassemblement, un si fantastique pataugement de sabots, de pattes et de pieds et, complètement abasourdis, ils prirent le large.

Quand tout le monde eut bien bu, et baigné ses brûlures, et que chacun se retrouva en sécurité, il y eut un coup d'œil réciproque, et, dans un éclair, les animaux disparurent dans toutes les directions ; à l'exception du bébé d'une biche égarée, qui se retrouva mussé[1] dans les bras de William.

– Eh bien, dit père, nous voilà sains et saufs ! Admettez que c'est une invention formidable. Si nous n'avions pu faire, Tobie et moi, un contre-feu juste à l'instant et l'endroit qu'il fallait, vous seriez tous transformés en *mixed-grill*[2], en ce moment.

Oncle Vania ouvrit la bouche. Mais les mots lui manquèrent pour exprimer ce qu'il pensait, et il la referma, vaincu. Il leva ses longs bras dans un geste de désespoir, et lentement s'en fut en chaloupant, faisant lever à chaque pas un lourd nuage de

1. Caché, lové.
2. Barbecue.

cendres blanches. Ce fut à Griselda que revint le soin de tirer la morale. Noire des pieds à la tête, tous les sourcils et la plupart de ses beaux cheveux brûlés, elle tourna vers moi un regard injecté de sang.

– Ton père, déclara-t-elle, est *impossible* !

18

Il nous fallut longtemps pour retourner à la caverne. Une grande part de la brousse était encore sous un tapis de cendres. Nous souffrions de nos brûlures, de nos ampoules. Les enfants pleuraient et gémissaient, il fallut les porter pendant tout le chemin, ou presque. Griselda était furieuse et démoralisée ; du moins, me dis-je, a-t-elle enfin décelé quel dangereux révolutionnaire est père en réalité, et c'est déjà ça de gagné. Tandis que nous nous reposions près d'un étang, je tentai de la ragaillardir en lui exposant mes heureuses conclusions concernant les rêves : puisque nous pouvions faire, quand le corps est la proie du sommeil, de brèves visites dans un autre monde, n'était-il pas raisonnable d'en déduire que nous y glisserions pour toujours, lorsque nous serions la proie pour finir d'une bête ou d'autre chose ? Oui, de toute évidence, cet autre monde nous attendait quand nous ne serions plus de celui-ci.

– Un vrai p'tit philosophe, hein ? dit Griselda en se mirant maussadement dans l'eau. Crois-tu que mes cheveux vont repousser de ce côté, ou que je vais perdre aussi les autres, et rester chauve pour le restant de mes jours ?

Le fait est que tout le monde était de très méchante humeur, sauf père qui tripotait les cendres du bout d'une trique avec le plus vif intérêt. Il y trouvait de temps à autre des écureuils rôtis, des serpents, des hyrax, parfois même des *duikers*[1], et il les

---

1. Petites antilopes forestières.

offrait à la ronde, disant que ce n'était pas tous les jours qu'on recevait gratis un souper fin. Mais nous n'avions le cœur ni à plaisanter, ni à savourer des friandises.

Quand nous parvînmes à la caverne, le feu s'était éteint, bien entendu. Père en eut l'air ravi. Avec Tobie ils ramassèrent des feuilles et de l'herbe sèches, allèrent chercher dans la forêt brûlée quelques rameaux pas trop carbonisés, et se mirent tout heureux au travail avec leur latérite et leur silex.

– Et voilà ! dit père fièrement, quand ils eurent allumé un nouveau feu. On a payé ça cher, peut-être, mais vous voyez, toute peine a son salaire. Du feu où et quand vous voulez, sans plus de mal que de presser sur un interrupteur ! Voilà une petite trouvaille qui n'aura pas sa pareille de longtemps.

– Ouais, dit Oswald. N'empêche que tu pouvais t'épargner d'allumer ce feu-ci. Vu que nous allons déménager sans différer.

– Déménager ! s'exclama père. En voilà une idée !

– Déménager ! suffoqua mère. J'espère bien que c'est la première et la dernière fois que j'entends parler d'une chose pareille !

– Déménager ! gémit tante Laure. Non, pas un pas de plus, j'aime mieux mourir sur place.

– Nous le ferons néanmoins, dit Oswald. Il semble que les conséquences des petites expériences de père vous échappent encore. À des lieues à la ronde, la brousse et la forêt ont disparu. Or, veuillez y réfléchir, plus d'herbe, plus de gibier. Et sans gibier, plus de pitance. Bref, nous sommes autant dire déjà partis.

– Demain vers d'autres lieux, vers d'autres pâturages…, murmurai-je automatiquement.

– Demain ! glapirent les femmes. Elles se mirent à pleurer. Mère posa sur papa un regard fixe, et dit lourdement :

– Ainsi, finie notre caverne ?

– Je t'en trouverai une autre, chérie, dit-il très vite. Aussi bien celle-ci devenait-elle… euh ! trop petite pour nous, maintenant que les fils sont mariés, tu ne trouves pas ? Ce qu'il nous faut, continua-t-il tandis que son visage s'éclairait, ce qu'il nous faut, ce n'est plus une simple caverne, mais une suite de cavernes mitoyennes, pourrait-on dire. Je crois qu'on pourrait trouver ça dans une formation calcaire, qu'en penses-tu, Tobie ?

– Je crois qu'en effet…, commença Tobie judicieusement, mais Oswald lui coupa la parole :

– Ce qu'il nous faut, déclara-t-il, ce sont de bons terrains de chasse. Justement parce que nous allons être des familles nombreuses. Donc, nous irons vivre où vivra le gibier, qu'il s'y trouve ou non des formations calcaires ou de je ne sais quoi. C'est la chasse qui commande. Le reste est fantaisie.

– Oswald a raison, dit Griselda. Pourtant, une petite question : nous sommes plusieurs à attendre un bébé. À quelle distance se trouve-t-il, cher, ton paradis des chasseurs ?

– Je l'ignore, bécassine, dit Oswald. Comment le saurais-je ? On marchera jusqu'à ce que l'on trouve, et voilà tout.

– Combien de jours ?

– Je te répète : je n'en sais rien. Dix, vingt, cent, s'il le faut. Et puis quoi ?

– Mais où vais-je accoucher du bébé ?

– Au diable ton bébé ! Mets-le bas dans un buisson, et puis porte-le sur ton dos comme toute femelle convenable, et cesse de poser des questions idiotes.

Clémentine, elle, sanglotait.

– Mm'… Mm'… Mais mon Osay chéri, le nôtre, de bébé, je voulais tant l'avoir *ici* ! On est si bien ici ; avec l'eau, le chauffage et tout. Je veux rester ! pleurnichait-elle.

– Toi, la ferme ! s'emporta Oswald. On ne peut plus rester ici, un point c'est tout ! Ce n'est pas moi qui ai brûlé le tiers de l'Ouganda.

– Il faut dire, Édouard, observa mère, que tu aurais pu penser un peu à toutes ces jeunes femmes.

J'avais rarement vu père et mère se disputer, il ne la battait presque jamais, mais là-dessus il explosa :

– Ça, Mathilde, rugit-il, on dirait à t'entendre que je l'ai négligée, ma famille ! Quoi, je m'échine pour vous tous, et c'est tout ce que tu trouves à dire ? Penser aux jeunes femmes ! Ce n'est pas à elles peut-être que je pense quand je m'arrange, pour le jour où je ne serai plus là, à ce qu'elles ou leurs enfants n'aient plus à grimper sur un volcan, chaque fois qu'elles voudront cuire un canard ? Ça ne leur servira pas, de savoir se servir d'un silex ? Et si un beau jour les volcans s'éteignent, comme n'importe quel feu ? Et voilà : Tobie et moi passons des jours entiers à nous décarcasser…

– Je sais, mon chéri, mais…

– À nous donner un mal de chien et à… euh !… penser à combien c'est commode, et vous…

– Oui, chéri, dit mère, mais les jeunes femmes ne sont vraiment pas en état de supporter les fatigues d'un long voyage.

– Les fatigues ! s'exclama père. Un long voyage ! Mais qu'est-ce qu'un voyage, de nos jours ? Autrefois, oui, on se faisait chasser par les lions, attraper par les crocodiles, on ne trouvait pas d'aliments en route, il fallait passer ses nuits sur les arbres. Ça, c'était voyager. Mais maintenant, c'est de la promenade ! Veut-on se reposer ? On allume un feu et personne ne vous ennuie plus. Du mauvais temps ? Le feu vous sèche en deux coups de cuillère à pot. A-t-on faim ? On trempe la pointe des javelots et allez-y, on chasse. Et même on peut poursuivre le gibier la nuit, le javelot d'une main et un brandon de l'autre. Et même on peut…

– Mettre le feu partout, suggérai-je.

Père fit la sourde oreille.

– Le feu fait de nous l'espèce dominante, et une fois pour toutes ! proclama-t-il. Avec le feu et le silex taillé, en avant pour la maîtrise du monde, et notre horde à l'avant-garde ! Les jeunes femmes, dis-tu ? Et moi je dis que leurs enfants naîtront dans un monde meilleur que tout ce que nous pouvons rêver ! Moi, je construis pour l'avenir, et vous, vous vous plaignez parce que pendant un an ou deux – le temps que repousse l'herbe – il faudra quitter notre chère caverne ! Moi, je construis pour que chaque horde puisse avoir son chez-soi, du feu à domicile, une broche sur son feu, du bison sur sa broche, et qu'elles puissent s'inviter les unes les autres à partager leur hospitalité, et vous...

Mais moi, pendant que père nous brossait l'image sentimentale de cette impossible Arcadie[1] paléolithique, je pesais vivement la signification de ses paroles. D'un regard méprisant, je voyais Tobie, Alexandre, les femmes, et même Oswald d'habitude si perspicace, tomber dans le panneau. J'attendis l'occasion, et enfin j'intervins, dur et amer :

– Est-ce que j'ai bien compris, papa ? Est-ce que tu te proposes vraiment de divulguer ta formule d'allume-feu à n'importe quel Pierre, Paul ou Jacques en Afrique ?

Père leva les sourcils.

– Bien entendu. Où veux-tu en venir ?

Je fis une pause avant de répondre. Puis, les lèvres serrées, je dis avec le plus grand calme :

– Simplement à ceci : que je m'oppose absolument à toute divulgation de secrets intéressant notre sécurité, au profit d'une horde étrangère.

Mes paroles furent suivies d'un profond silence. Père regarda l'un après l'autre les visages surpris et attentifs, et dit lentement :

– Ah oui ? Et pour quelle raison ?

– Pour différentes raisons, dis-je. Je les soumets aux

1. Pays paradisiaque imaginaire dans la tradition poétique.

réflexions de tous. Primo, parce que ce secret est *le nôtre*, que c'est *à nous* de décider si nous voulons nous en défaire. J'étais trop jeune alors, sinon je ne t'aurais jamais laissé dilapider un monopole de fait en allant dire aux gens comment se procurer du feu sauvage sur les volcans ; maintenant, si l'on en juge par les volutes de fumée qui se lèvent un peu partout dans le pays, presque tout le monde en a, y compris mes charmants beaux-parents. Et nous, qu'y avons-nous gagné ? Pas même le cuissot d'un cheval.

– Pouvais-je le refuser à tous ces pauvres gens ? dit père.

– Tu pouvais, dis-je, le leur vendre, en autoriser l'usage sous licence ; mais tu l'as tout simplement bradé, gaspillé pour rien, pas même des clopinettes. Cela ne se reproduira pas, voilà ce que je dis.

– Tu voudrais, si je comprends bien, dit père, que je leur fasse payer des leçons particulières ? Six zèbres et trois bisons pour le maniement de la latérite[1], autant pour le combustible, autant pour le soufflage du feu dormant en feu flambant ? Voilà ce que tu as en tête ?

– Et pourquoi pas ? Cela n'aurait rien d'immoral. Mais ce serait encore beaucoup trop bon marché, à ce prix-là. Mon intention pour le moment, c'est que la horde garde pour elle le feu artificiel. Quelques vingtaines de zèbres ne nous revaudraient pas cet avantage. Les autres hordes devront admettre que nous sommes, tu l'as dit, la puissance dominante. Il faut, si

1. Terre de couleur rouge.

elles veulent mettre un feu en route, qu'elles soient obligées d'en passer par nous et par nos conditions.

– Plus un mot ! cria père, rouge d'indignation. L'inventeur, c'est moi. L'invention m'appartient et j'en ferai ce que je voudrai.

– Mais toi, répliquai-je, tu appartiens à la horde et tu devras faire ce qu'elle veut. Tu n'es pas seul en jeu. Moi je pense aux enfants. À leur carrière future, et non à des rêves romanesques. Et je déclare que, pour des utopies, tu ne gâcheras pas les chances de nos fils de s'établir comme des pyrotechniciens professionnels. Je ne dis rien, Oswald, contre la chasse et le métier des armes. Je dis seulement que l'on peut désormais penser à d'autres professions, par exemple pour ceux de nos garçons qui manqueraient de jambes ou de souffle.

– Ce n'est pas bête du tout, dit Oswald. Pourquoi ferions-nous bénévolement cadeau de nos idées, gratuitement et à l'œil, à tous ces salopards ?

– Pour le bien de la subhumanité, dit père. Pour le salut de l'espèce. Pour l'accroissement des forces évolutionnaires. Pour…

– Des mots, des mots, des mots ! lançai-je brutalement.

– Ernest ! gronda mère. Qu'est-ce qui te prend de parler à ton père sur ce ton ?

– Je lui parlerai comme un fils doit parler à son père quand il se conduira comme un père doit se conduire avec ses enfants, mère, dis-je en me contenant.

– Ton père a toujours été un jeune homme très idéaliste, dit mère, mais c'était déjà comme pour l'excuser.

– Je suis un homme de science, dit père d'une voix calme. Je considère que les résultats de la recherche individuelle sont la propriété de la subhumanité dans son ensemble, et qu'ils doivent être mis à la disposition de tous ceux qui… eh bien… explorent où que ce soit les phénomènes de la nature. De cette façon le travail de chacun profite à tous, et c'est pour toute l'espèce que s'amassent nos connaissances.

– Père a raison, dit Tobie, et il fut remercié d'un regard.

– Très bien, affectai-je d'admettre. J'admire ce principe, père, très sincèrement. Mais permets-moi, à ce sujet, de faire deux observations. La première, c'est celle-ci : quelle aide avons-nous reçue, nous, de la part des autres chercheurs ? Je suis moralement certain que, s'il s'en trouve quelque part, ils restent les fesses serrées sur toute chose utile qu'ils ont pu découvrir. Comment leur faire lâcher prise, si nous ne nous réservons pas nous-mêmes une monnaie d'échange ?

– C'est vrai aussi, convint Tobie à regret, mais père restait assis raide et imperturbable.

– Le second point, poursuivis-je, je le livre à vos réflexions. Cette découverte n'en est encore qu'à ses débuts. Elle a déjà provoqué un désastre. La confier à d'autres pour l'amour de l'espèce ? Fort bien. Du moins, que ce soit sans danger pour elle, et pour nous. Nous avons bien failli être rôtis, tous, et n'eût été l'habileté géniale de père pour nous sauver de justesse…

– Heureux de te l'entendre dire…, marmonna père.

– Serait-ce seulement, de notre part, une bonne action, poursuivis-je lentement, que d'enseigner à des retardataires de la technique comment se faire griller eux-mêmes, et nous avec eux ? Une forêt incendiée, ça ne suffit pas ? Serait-ce raisonnable de confier à des gens qui ne sont, à peu de choses près, que des grands singes, le moyen de réduire le monde en cendres ?

Oswald se frappa la cuisse :

– Il a cent fois raison ! cria-t-il. Rien que l'idée me donne la chair de poule !

Je vis bien que j'avais gagné la partie. Père était seul, tous m'approuvèrent. Griselda me regarda, les yeux brillants, et applaudit. Jusqu'à maman qui hasarda :

– Il me semble, Édouard, qu'Ernest a beaucoup réfléchi là-dessus. Ne crois-tu pas que nous pourrions conserver cela pour nous, le temps de voir où nous en sommes ?

Père lui jeta un regard froid et se leva. Il me fixa des yeux, et je lui rendis la pareille.

– Hm, fit-il. C'est donc ce jeu-là que tu entends jouer, Ernest ?

– Ce jeu-là et nul autre, dis-je.

Père me considéra un moment, blême de colère. Puis il se maîtrisa, non sans effort, et leva la broussaille d'un seul sourcil, à sa façon ironique habituelle.

– Ainsi soit-il, mon fils, dit-il.

Il me tourna le dos et pénétra dans la caverne. Mère l'y suivit quelques instants plus tard. Pendant la moitié de la nuit je pus entendre le murmure de leur conciliabule[1].

---

1. Conversation secrète.

19

Ce fut avec un mélange de crainte et d'optimisme que je guettai, le lendemain, l'humeur que père nous montrerait : serait-elle féroce, ou bien accessible au bon sens ? Le trouverais-je déconfit, mortifié peut-être, mais soumis ? J'étais bien décidé, quoi qu'il en soit, à ne pas céder un pouce de terrain. Dans la dispute, j'avais eu le dessus et uni la horde contre lui. Si calé, astucieux et puissant qu'il fût, je ne le laisserais pas abuser plus longtemps de son autorité et de notre respect, au profit d'actes irresponsables. J'étais absolument décidé sur ce point. Fini le temps de l'autocratie[1] : à l'avenir, les grandes décisions seraient prises démocratiquement en conseil de famille.

Griselda m'approuvait entièrement, et militait de façon active pour rameuter les autres. Elle passa une bonne part de la nuit à effrayer les femmes, à leur décrire les risques que couraient les enfants, si nous laissions père lâcher pareil danger sur le monde inflammable. Toutes furent sans exception pour un strict contrôle en matière de feu.

– Nous le garderons pour nous seuls, me dit-elle. Caroline est en train d'en parler à Tobie. Après tout, l'idée lui appartient autant qu'à père. D'ailleurs, je le crois tout aussi calé, et de meilleure composition. Il trouvera un système pour rendre le feu sans danger, et alors nous exploiterons l'affaire à notre

1. Despotisme.

compte. Père n'est pas aussi indispensable que tu te l'imagines.

Mais le lendemain, à notre grande surprise, père était absolument comme d'habitude : radieux, et tel qu'il eût été si la bagarre familiale n'avait jamais eu lieu. Il avait pour chacun un mot jovial et présidait activement aux préparatifs pour la grande migration, dont Oswald prit la tête avec lui. Ils portaient à tour de rôle des bébés sur leur dos. Oswald était chargé de la direction, qu'il décida plein sud, et père de la cadence, qu'il imposa très lente pour convenir aux femmes, aux enfants, et aux brûlures que nous portions aux jambes. Il choisit de bonne heure un lieu de campement, car il n'était pas nécessaire, selon lui, d'attendre qu'il se trouvât des arbres encore debout pour y grimper en cas de péril : avec Tobie ils firent un cercle de feu autour de notre camp, en manière de preuve, disait-il, que nous ne serions pas attaqués la nuit ; mais le gibier s'étant enfui et avec lui les prédateurs, ce n'était guère probable. Néanmoins, provenant des marécages, deux ou trois paires d'yeux vinrent poser sur nous leur phosphorescence, et s'il y eut maints grondements et reniflements dégoûtés, c'était toujours à bonne distance.

Nous avions faim, car les femmes, après la marche, étaient trop lasses pour courir après des aliments problématiques, et nous dûmes nous contenter de brochettes de lézard et de quelques œufs de crocodile. Pour nous mettre du cœur au ventre, père faisait des blagues, racontait des histoires de mangeaille aux enfants.

– Il était une fois, disait-il, un très grand lion si bon chasseur qu'il abattait plus de gibier qu'il n'en pouvait manger. Pourtant il était furieux que les hyènes, les chacals, les vautours, les milans, des lions moins adroits que lui, et même des pithécanthropes – car ceci se passait du temps où nous étions ramasseurs de charogne, nous aussi – vinssent l'aider à finir son souper sans avoir été invités. « C'est moi qui fais toute la besogne, grommelait-il, et cette bande de bons à rien voudraient en profiter sans même lever le petit doigt ? Pas de ça ! Je serais bien bête de partager. » Mais comme il n'arrivait pas à tout manger tout seul, d'abord il essaya de tuer les charognards : le seul résultat, c'était qu'il se trouvait à la tête d'un tableau de chasse encore plus grand. Alors il se força quand même à finir toute cette viande. Même quand il n'avait plus faim, il mangeait et mangeait. La vie devenait un cauchemar, il souffrait d'indigestions terribles, devenait gras à lard, et malgré tout il continuait, pour le plaisir de voir la tête que faisaient les autres. Mais à ce régime il devint si énorme qu'il mourut prématurément, et alors les chacals, les vautours et les pithécanthropes s'offrirent un repas tout aussi copieux que s'il eût partagé avec eux les proies qu'il avait tuées.

– Mais de quoi est-il mort ? demandèrent les enfants.

– Du cœur. Dégénérescence[1] graisseuse compliquée de misanthropie[2], dit père en croisant ses mains sur son estomac

1. Altération des cellules (ici celles du cœur).
2. Dégoût du genre humain.

vide ; et, donnant l'exemple à tous, il s'endormit paisiblement.

Pendant tout le voyage, il se montra charmant envers moi-même et Griselda. Il nous enseigna comment faire le feu, choisir de bonnes pierres, il disait que tout ce qu'il pourrait nous léguer en mourant – et personne ne pouvait être sûr de ne pas marcher par mégarde sur un serpent minute –, c'était une bonne éducation. « Votre devise, nous disait-il gravement, ce doit être de donner à vos enfants, comme j'ai tenté de le faire, un départ meilleur que n'a été le vôtre. N'attendez rien des autres, faites comme si tout l'avenir de l'espèce dépendait de vos seuls efforts. Et qui sait, peut-être en dépend-il ! Nous vivons à une époque critique, très critique. Le feu n'est qu'un début. Maintenant il va falloir bâtir, organiser avec méthode et réflexion. Après les sciences naturelles, les sciences sociales. J'ai la plus grande confiance en vous deux. Je doute de vivre assez vieux pour voir nos énergies s'appliquer plus à fond, et de façon vraiment humaine, aux tâches de l'évolution : vous, vous le verrez peut-être – avec la récompense, l'âge d'or où du pithécanthrope naîtra, enfin, l'*Homo sapiens* ! Si mes menus efforts vous ont tant soit peu aidés à suivre le bon chemin, vous et vos descendants, je mourrai satisfait. »

Il dit, et après nous avoir accordé le même regard d'humour, mais aussi de défi, qu'il m'avait lancé après notre querelle, il s'éloigna nonchalamment.

Après un moment Griselda dit :

– Ernest, nous pouvons faire notre deuil du monopole du feu. Ton père va le jeter à tous les vents, une fois de plus.

– Il n'oserait pas, toute la horde est contre ! m'exclamai-je.

– Il passera outre, dit-elle amèrement. Il croit savoir mieux que la horde même ce qui est bon pour elle. Oui, oui : il se moque de nous, tu ne l'as pas compris ? Il nous défie de l'empêcher.

Plus j'y pensais, plus je me persuadais que Griselda voyait juste. Si père s'était montré furieux, s'il s'était démené, s'il nous avait battus, j'aurais su que tout allait bien, et qu'il s'en tiendrait pour finir à notre décision. Mais cette gaieté, ces regards malicieux, ces pointes ironiques, et cette affectation de gentillesse, tout cela montrait bien qu'il était décidé à nous damer le pion, sans se soucier de ce que nous pensions.

– Je ne vois pas comment le retenir, dans ce cas, murmurai-je.

Griselda ne dit rien. Elle marchait lentement, étant maintenant proche de son terme. Au bout d'un certain temps elle demanda :

– Ernest, est-ce que tu crois à cette histoire, tu sais, que nous irons dans un autre monde quand nous serons morts, dans ce terrain de chasse que nous visitons en rêve ?

– Bon, il faut bien que nous allions quelque part, non ? Je veux dire : notre ombre.

– Quelle ombre ?

– Celle qui vit toutes sortes d'aventures, quand nous dormons. Cette espèce d'ombre intérieure.

– Mais elles sont si bizarres, ces aventures ! Ce n'est pas réel !

– Sur le moment, elles ont l'air parfaitement réelles, donc elles le sont sûrement d'une manière ou d'une autre. C'est comme notre reflet dans un étang, ondoyant et brisé, mais peut-être que c'est ainsi que nous avons l'air, ondoyants et brisés, vus de cet autre monde ? Quand nous finissons à l'intérieur d'une autre créature, il faut bien qu'elle aille quelque part, cette ombre ! Pourquoi pas ce terrain de chasse qui apparaît en rêve et que l'on se rappelle au réveil ? C'est raisonnable de supposer que c'est là que nous irons. Cette hypothèse en vaut une autre, en tout cas.

– Ce serait assez important de le savoir, d'un certain point de vue, dit lentement Griselda.

– Quel point de vue ?

– Parce que alors cela ne ferait de mal à personne d'y être envoyé, dans l'autre monde. On n'y perdrait rien, puisqu'on y aurait son reflet.

– En effet, dis-je, pourvu qu'on ne fasse pas de mauvais rêves.

– Tu ne crois pas – oh ! – à titre d'exemple ! dit Griselda nonchalamment, que père en ferait plutôt d'heureux ?

Mon cœur battit plus vite, mais la réponse ne demandait aucune réflexion, tant c'était évident : toutes les images de père, à la chasse, ou à ses expériences, ou s'affairant à ceci ou cela, toutes accouraient dans mon esprit pour me la donner.

– Oui, dis-je, sûrement, Griselda. Sûrement que père ferait des rêves heureux.

20

L'énorme feu de brousse, faute de combustible, s'était consumé aux confins d'une vaste plaine aride, où la terre, trop mince encore sur la roche volcanique, ne pouvait nourrir assez de gibier pour entretenir une horde comme la nôtre. Car elle était devenue nombreuse entre-temps. J'étais propriétaire d'un beau garçon, Oswald de même, Alexandre avait deux filles jumelles qui le rendaient gâteux, Tobie se préparait à être père d'un jour à l'autre. Jusqu'à tante Laure qui, elle aussi, attendait un heureux événement. « C'était toute cette musique, la danse, et puis l'enlèvement des filles », nous avait-elle confié sur un ton de pruderie heureuse. « Vania disait que c'était bien comme ça qu'il fallait faire du temps qu'il était un jeune singe, et alors, voilà, ça lui est revenu, l'idée l'a pris de m'assommer et de m'emporter dans la forêt… »

Père était enchanté des nouveaux bébés, et il tâtait leurs petits crânes avec tendresse. « C'est encore peu volumineux, disait-il, mais c'est bien malléable et ça se développera. Vous autres femmes, ne vous plaignez pas si de mettre au monde un bébé vous devient moins aisé avec le temps : pas de progrès qui ne se paye. L'évolution est à ce prix. »

Jour après jour l'exode se poursuivait, nous avancions péniblement, marchant et chassant en marchant. Nous passâmes l'équateur et traversâmes un vrai désert, où nous faillîmes mourir de faim et de soif. Enfin, après mille aventures, et alors que nous avions franchi une chaîne de collines progressivement plus verdoyantes, du sommet de l'une d'elles nous découvrîmes un paysage qui nous payait de nos peines : un moutonnement sans fin coupé de fleuves et de lacs étincelants sous le soleil, de buissons d'or, de marais d'émeraude, et de milliers d'hectares de chasse : herbe, fourrés, bois et forêts, ponctués de rochers à fleur de terre. Au-delà, un long mur de falaises fermait l'horizon.

– Du gibier ! hurla Oswald. Je le vois ! Je le sens ! Comme si je le touchais ! Et il agita son javelot en piétinant sur place, tout excité.

– Et voilà du calcaire plein de cavernes, dit Tobie, pointant du doigt vers les lointaines falaises.

– C'est la Terre promise, murmurai-je.

Père sourit en silence en caressant sa barbe. Il plissait les yeux pour y voir, contre le rayonnement éblouissant du soleil sur son déclin. Étrangement, il poussa un soupir profond et dit :

– Eh bien, descendons-y.

Nous ne fûmes pas déçus. Si tard que ce fût déjà, nous eûmes pour le dîner abondance de gibier rôti, de premier choix. Nous nous endormîmes la joie au cœur. Mais je m'éveillai avant l'aube, avec la pénible impression que quelque chose clochait. Je sautai sur mes pieds, les autres en firent autant, nous tâtonnâmes pour saisir nos javelots, ils avaient disparu. Avec terreur je vis autour de nous, l'air rien moins qu'amical et nos javelots en main, une horde étrangère. Puis je vis père qui s'était avancé vers un pithécanthrope blanchi sous le harnais, et qui visiblement était le chef.

– *Do you speak English ?* dit père aimablement. *Sprechen Sie deutsch ? ¿ Habla español ? Kia ap hindi bol secte ho ? Aut latina aut graeca lingua loquimini ?* Mais non, bien sûr, suis-je bête ! Eh bien, conclut-il tandis que l'autre secouait la tête à chacune des questions, revenons-en au bon vieux langage par signes.

Ce fut une longue affaire. Alternativement, chacun des interlocuteurs montrait du doigt les arbres, l'herbe, les javelots, les fils, le squelette du daim que nous avions mangé la veille, les ventres des uns et des autres. Il leur fallait se répéter souvent avant de se faire comprendre. Néanmoins, si lentement que ce fût, ils devaient progresser car, dans l'après-midi, la tension avait nettement décrû. Au coucher du soleil, on aurait pu parler presque de cordialité. On nous apporta même un peu de nourriture. Elle était crue. Nous n'avions pu entretenir le feu mais maintenant, sous l'œil intéressé des étrangers, nous soufflions sur les cendres pour le ranimer. Nous réussîmes à cuire le menu fretin qu'ils avaient apporté – lézards, quelques hyrax, un petit faon et une grande tortue. Sur les instances de père, leur chef accepta de goûter un morceau de celle-ci ; à en juger par son roulement d'yeux, cela dut être à son goût.

La nuit venue, nos gardiens se retirèrent à quelque distance, emportant toutefois nos javelots, par prudence.

– Eh bien, dit père, je regrette le temps que cela nous a pris, mais c'est toujours l'ennui avec une langue universelle : pleine de lenteur, de répétitions, et dépourvue de subtilités. Ceci dit, la situation est simple et se résume en quelques mots : « Propriété privée, les contrevenants seront poursuivis. »

– Tu veux dire, demanda Oswald stupéfait, qu'ils se sont arrogé l'apanage[1] de toute cette plaine ? Eh bien, ils ne manquent pas de culot, ces métèques[2] ! dit-il.

– Ils prétendent qu'elle ne rapporte pas lourd, dit père. C'est qu'ils ne disposent pas de nos techniques modernes, voyez-vous. Et comme ils ont, eux aussi, des familles nombreuses, ils nous disent de décamper, sinon il nous en cuira.

– Mais c'est idiot, il y a largement place pour tout le monde ! dis-je. Toutefois, s'ils ont tellement faim, je suppose qu'il n'y a pas d'alternative, quoi que nous proposions.

– Ce n'est pas sûr, dit père. Les pourparlers ne sont pas rompus. Ils reprendront demain. Il n'est pas interdit d'espérer que nous pourrons trouver une formule de compromis, satisfaisante pour les deux parties. Dans l'intérêt de notre horde et compte tenu de l'importance des problèmes en cause, je compte ne négliger aucune ouverture. En attendant, nous sommes prisonniers sur l'honneur et, de plus, sous la surveillance d'un certain nombre de sentinelles.

– Sales métèques, grommela Oswald. Et nous nous préparâmes à dormir dans un état d'esprit plutôt pessimiste.

Le lendemain fut semblable à la veille. Les deux plénipoten-

---

1. Privilège.
2. Étrangers (mot extrêmement péjoratif).

tiaires[1], accroupis à l'écart, discutaient en gesticulant, parfois sautaient sur leurs pieds et mimaient quelque opération, telle que de tailler des silex ou d'égorger quelqu'un. Nous attendions, maussades, assis tristement autour des cendres, car on ne nous permettait pas de vaguer alentour pour ramasser du combustible : Oswald avait essayé de se procurer une massue sous ce prétexte, mais on l'avait repoussé de la pointe d'un javelot. « Sales métèques », maugréait-il ; c'étaient vite devenu ses deux mots favoris.

Nous eûmes peu à manger, mais père rentra le soir plus optimiste.

– Il se dessine une chance, nous dit-il.

– Ils nous permettront de rester ici ? demandai-je.

– Pas de déclarations prématurées, dit père prudemment. Il se donnait de l'importance, à mon avis. Un communiqué détaillé sera publié en temps utile.

Le lendemain, toutefois, un accord était visiblement en vue. Les deux chefs de horde semblaient, en effet, dans les meilleurs termes, riant, blaguant, se frappant mutuellement les omoplates. Pour finir ils se levèrent et disparurent ensemble dans la brousse.

Le temps passait, le soleil déjà baissait à l'horizon, et ils ne revenaient pas. Notre inquiétude avait crû d'heure en heure, et je commençais de craindre quelque perfide traîtrise. Nous ne

1. Qui ont les pleins pouvoirs.

pouvions rien faire : la faim nous avait affaiblis, tandis que nos gardes-chiourme[1] étaient armés et bien nourris.

Puis pendant un instant mon cœur cessa de battre : une fumée montait en spirale derrière les arbres. Nous comprîmes que c'était la fin et que la nôtre était proche.

Alors, à notre extrême surprise, nous vîmes père qui revenait vers nous, d'un pas agile, et sans escorte.

– Tout est arrangé, dit-il. Un traité en bonne et due forme. Il sera ratifié demain au cours d'un grand banquet. Chérie, dit-il à mère, tu m'obligerais en faisant un effort spécial pour ta fameuse tortue rôtie en carapace *alla bolognese* : ce fut ma ligne de sauvetage tout le long de ces pourparlers délicats, et sans elle, je me demande s'ils auraient abouti.

– Bon, mais les termes du traité ? demandai-je.

– Article un, dit père solennellement : la moitié sud de la plaine nous est attribuée pour la chasse. Une commission *ad hoc*[2] sera constituée par la suite pour délimiter la frontière.

– La moitié ? dit Oswald. Pas mal, pas mal.

– Article deux, continua père : chaque horde s'en tiendra à son territoire et ne braconnera pas chez le voisin. Article trois : nous logerons dans l'extrémité occidentale des falaises calcaires.

– Mais c'est là que sont toutes les cavernes ! s'exclama Tobie. Comment les as-tu obtenues ?

– C'est pourri d'ours troglodytes[3], dit père hilare. Il a beau-

1. Gardiens de bagne.
2. Expression latine, « prévu pour ».
3. Vivant dans des cavernes.

coup insisté pour que ce soit nous qui les prenions. Eux, ils ont quelques petits abris rocheux à une lieue d'ici, qui n'empêchent pas les léopards de chiper les bébés. Je ne leur ai pas dit que nous savions nous débrouiller avec les ours, bien entendu.

– Bon travail, approuvai-je.

– Assez bon, dit père. Le fait est qu'il est persuadé que c'est lui qui m'a possédé. Article quatre : en dehors de la chasse, les hordes seront amies, libres de poursuivre à leur façon chacune son évolution, elles s'entre-apparieront de façon exogame, et dans tous les domaines travailleront de conserve[1] au profit de la paix, du progrès et de leur prospérité mutuelle. Il faut toujours finir ce genre de choses sur quelques mots ronflants. Et voilà.

– Eh bien, et l'article cinq ? dit Griselda. Ou bien est-ce peut-être une convention[2] secrète ?

– L'article cinq ? Que veux-tu dire ? demanda père.

– Celui, dit Griselda, qui précise qu'en contrepartie de tout ce qui précède, la horde qui sait faire le feu en passera le secret à celle qui ne le sait pas ?

– Ce n'est pas inclus dans le traité, dit père. Mais c'était une question d'équité que…

– Tu le leur as donné ! explosai-je. Cette fumée révélatrice ! Et nous qui avions été assez idiots pour croire que père était en danger ! Et sans nous le demander ! criai-je. Pas étonnant alors que tu aies obtenu un bon traité. Toi, toi… tu as… tu as…

1. Ensemble.
2. Accord.

– Je ne t'ai pas consulté, fils, en effet, dit père avec le plus grand calme. Mais tu dois comprendre sans mal que, dans la situation où nous étions, c'était bien de la chance que nous eussions quelque chose à marchander.

– Je n'en crois rien ! hurlai-je. Tu pouvais obtenir tout cela à meilleur prix. Maintenant ils vont accéder au même niveau que nous ! Mais c'est cela que tu voulais, hein ? Tu le leur aurais donné de toute façon, tu avais *envie* de le leur donner, hein ?

– J'y étais obligé, dit père.

– Comment le savoir ? siffla Griselda. Étions-nous même réellement en péril ? Qui sait si vous n'avez pas manigancé toute l'affaire, au moins pour une grande part ?

Père haussa les épaules.

– Allons, dit-il, ne vous conduisez pas comme des idiots. Une chose comme celle-là, vous ne l'étoufferez pas. Le feu sera de toute façon le lieu commun de la prochaine génération, qu'on le lui donne ou non. Pensez donc plutôt à quelque chose de neuf, qui ne sera pas un lieu commun. C'est ainsi seulement qu'on progresse.

– Tu nous as dépouillés de notre patrimoine, dis-je obstinément. Tu as remis entre les mains d'un peuple primitif une puissance mortelle. Tu as…

– Tu es sûr, dit mère, qu'ils sauront s'en servir sans danger ?

– Absolument, dit père avec gravité. Je leur ai fourni en détail toutes les instructions nécessaires. À mes conditions, bien entendu : la meilleure chasse de toute l'Afrique. Si nous allions chasser ? Je suis mort de faim.

21

Ainsi père nous avait une fois de plus damé le pion. Mais qu'y faire ? La chasse était excellente et les cavernes étaient aussi confortables qu'on le pouvait souhaiter : nous en avions pris tout un étage bien exposé plein sud, avec du soleil toute la journée. Mais moi, j'étais exaspéré de voir que nos voisins, cette racaille, faisaient maintenant des feux partout, allant jusqu'à se permettre de nous rendre visite pour échanger des recettes de méchoui ou de chiche-kebab « à la manière du chef », voire de nous inviter à partager leur barbecue. Père prétendait que c'étaient des gens très plaisants, et quand ils eurent mis le feu aux trois quarts de leurs pâturages, il fit un geste nonchalant de la main et dit allégrement qu'il pouvait se produire des erreurs « même dans les meilleures familles ». Il insista pour que nous leur accordions un permis de chasse de un an, et les invitations à venir courir le fennec[1] sur nos terres. Bref, à aucun moment il ne fit preuve du moindre tact à l'égard d'une horde comme la nôtre qui avait à maintenir son rang.

Griselda en souffrait, et elle en ressentait de l'amertume. Elle avait fini par se persuader que nos ennuis avec le comité d'accueil lors de notre arrivée avaient été fabriqués de toutes pièces. « Je connais bien ton père et ses manigances », disait-elle sombrement, et quand en effet je pensais à Elsa, j'étais tenté de la croire. Du reste, selon elle, à supposer que nous eussions couru

1. Carnivore du Sahara appelé également renard des sables.

un réel danger, on ne pouvait pas plus mal s'y prendre qu'il n'avait fait. « Si au lieu de leur montrer qu'il ne faut pas être sorcier pour faire le feu, disait-elle, nous leur avions fait croire le contraire, ces pauvres sauvages eussent été bien trop terrifiés pour oser nous attaquer. Ainsi nous aurions solidement établi notre suprématie morale, et résolu du même coup cet irritant problème des aides ménagères : je n'aurais pas à m'appuyer toutes ces corvées, soupira-t-elle, si ces affreuses mégères des bas quartiers devaient s'adresser à moi chaque fois qu'elles ont besoin d'une tranche de gigot. » À plusieurs reprises, elle m'exhorta d'avoir mon père à l'œil. « Méfie-toi, disait-elle, il récidivera. C'est en train de devenir un vrai danger pour toute la horde. » Il me semblait que peut-être elle exagérait, mais pour finir je dus bien reconnaître qu'elle avait raison.

Car peu de temps après que nous eûmes fini d'emménager dans notre nouvelle résidence, père reprit ses expériences. Comme d'habitude, il n'en parlait jamais avant d'avoir réussi, et d'ailleurs des intérêts plus immédiats retenaient notre attention. Tobie avait fondé une manufacture d'outils paléolithiques qui prenait beaucoup d'extension. Une douzaine d'ouvriers qualifiés travaillaient sous son contrôle, et, malgré cela, ses bifaces et ses coups-de-poing ovalisés avaient un tel succès à travers toute l'Afrique qu'il ne pouvait suffire à la demande. Alexandre, lui aussi, développait ses décorations intérieures sur une grande échelle. Il avait mis au point toute une nouvelle gamme de pigments ocrés, et je soutenais que ses fresques exerçaient sur la chasse une influence plus efficace que les nouveaux lacets que nous posions pour culbuter le gibier, ou les nouvelles sagaies à pointe de corne avec lesquelles nous les abattions. William, il est vrai, avait moins de chance dans ses tentatives de dresser les chiens pour la chasse. Du moins ses efforts égayaient-ils le train-train quotidien. « Ce sera les chiens ou rien », s'obstinait-il pendant que nous pansions ses membres ensanglantés sous des feuilles d'arum[1], et tentions de le persuader qu'avec des animaux aussi sauvages son idée était une chimère. « Douceur et fermeté, voilà la méthode. Il n'y en a pas d'autre. »

Griselda avait introduit une façon de porter les peaux de bêtes qui avait un énorme succès chez les femmes. Elles allaient de grotte en grotte et c'étaient des « n'est-ce pas du dernier chic ? » ou au contraire des « ce léopard perd sa souplesse » ou « mon singe perd ses poils, que peut-on y faire ? » à n'en plus finir. Oswald et moi désapprouvions profondément toutes ces sottises, naturellement, mais il va sans dire que notre opinion ne comptait guère, et quand je l'exprimais je ne faisais que m'attirer toujours la même réponse : « Ne fais pas ton Vania ! » Mais nous prévoyions bien à quelles décadences nous conduiraient de telles frivolités. Et de fait, aujourd'hui, si tout jeune gommeux[2] se croit obligé de s'attifer d'une feuille de vigne, où allons-nous ?

---

1. Fleur.
2. Jeune homme orgueilleux et trop bien habillé.

Ainsi le temps passait, et puis père un beau jour vint me trouver à la maison et dit :

– Viens avec moi, fils. J'ai quelque chose à te montrer.

Il y avait dans sa voix une note de triomphe retenu ; et j'en inférai[1] aussitôt que nous allions nous trouver dans un pétrin vraiment sérieux. Nous traversâmes un bon morceau de forêt avant de nous trouver dans une clairière.

– C'est mon petit atelier, dit père sur un ton plaisant, qui cachait mal une fierté intime.

De petites piles bien nettes de scions[2] soigneusement rangés étaient étiquetées avec les feuilles de différents arbres.

– Un long boulot, comme tu peux voir, dit père. J'ai d'abord essayé le camphre, le santal, puis l'olivier, le robinier, le gommier, l'alisier, le cornier, le bois de fer et de campêche[3]. J'ai même expérimenté l'ébène, le teck et l'acajou. Mes tout premiers essais, bien sûr, c'était avec le bambou : c'est lui qui m'a donné l'idée de base. Mais à l'usage c'est de la camelote, peut-être qu'il a de l'avenir dans la construction, bien que personnellement j'en aie horreur. J'ai encore essayé du figuier, du châtaignier et même de l'acacia, mais c'est seulement quand je me suis attaqué à l'if que j'ai compris que je tenais le bon bout. Tout ce que tu vois là, c'est de l'if. Mais il faut tomber juste : trop vert, c'est mou, trop vieux, ça casse. Son élasticité s'améliore en séchant, de sorte que je n'en suis qu'au tout début. Pour

1. Déduisis.
2. Jeunes branches que l'on peut greffer.
3. Différentes sortes d'arbres.

bander l'arc, la meilleure corde c'est encore le tendon d'éléphant, à la rigueur les stolons[1] de l'orchidée muscade, et pour les flèches, tout bois droit et léger convient, tel que le bois de santal. Évite les bois trop lourds, ils ont un bon pouvoir de pénétration mais c'est au détriment de la portée.

– Mais de quoi parles-tu ? demandai-je, quand je pus placer un mot.

– De balistique[2], dit père en toute simplicité. Je sais, c'est un peu de bonne heure, mais je voulais absolument pousser une pointe dans cette direction-là. Tobie vous a procuré le lacet, d'accord, et d'ici qu'Oswald, quand il aura des varices comme moi, tombe un jour sur le principe du boomerang, il n'y a peut-être pas loin. Mais ceci, c'est l'arme absolue. Tu veux que je te montre ?

Et il saisit le premier arc qu'on ait jamais vu. « Marque Un » était un bidule encore lourdaud et gauche, même raboté ça se courbait irrégulièrement et la corde mollissait constamment, mais enfin, ça tirait ! Père envoya sa flèche à près de cinquante pas.

– On peut faire beaucoup mieux, dit-il, ravi de ma stupéfaction. Il faut tout le temps retendre la corde, mais essaye un coup.

Après quelques faux départs, j'envoyai sans le moindre effort la flèche à quarante pas.

– Alors, qu'est-ce que tu en penses ? dit père. Et songes-y, ce n'est encore qu'une simple maquette.

---

1. Tiges.
2. Science du lancement de projectiles.

– Les possibilités sont prodigieuses, p'pa, dis-je sombrement. Je regardais le vieux avec tristesse. Cette fois c'était la fin. Absolument la fin.

– On va célébrer ça avec une grande fête, dit père.

– Oui, c'est ça, dis-je d'une voix pesante.

– Je pensais le faire voir à Oswald, c'est de son ressort plus que du tien, mais il est à la chasse et il fallait absolument que je le montre à quelqu'un, dit-il avec un bon rire.

– Je lui en parlerai, promis-je.

C'est ce que je fis sans délai. Et à Griselda aussi. Notre devoir crevait les yeux. Oswald se fit faire une seule démonstration et fut convaincu. Il était sans conteste le plus grand chasseur à des lieues à la ronde, courant plus vite et visant plus loin que qui que ce soit au monde. Il était orgueilleux à bon droit d'une supériorité qui établissait son prestige.

– Quand tout un chacun, grâce à papa, aura en main un de ces machins-là, tu seras au même niveau que toute cette vermine : ni meilleur ni pire, lui dis-je, et je n'eus rien à ajouter.

Il avait pâli.

– Que diable a pu prendre à père…, commença-t-il.

Et tout de suite :

– Qu'est-ce que nous allons faire ?

– Quoi que nous décidions, faisons-le promptement, dis-je. Souviens-toi du feu !

– Saint Ptérodon ! C'est trop affreux pour y penser. Il faut que tu songes à quelque chose, Ernest.

– J'y ai déjà songé.

– Et alors ?

– Alors, dis-je, il faut qu'au prochain tir d'essai il se produise un accident.

Oswald devint tout blanc.

– Tu n'es pas sérieux ?

– As-tu mieux à nous proposer ?

– Non, mais, quand même…

– Je sais, je sais, dis-je. Seulement, réfléchis. C'est un vieil homme, à présent et, de toute manière, il n'en a plus pour bien longtemps. Cela fait des années qu'il aurait dû prendre sa retraite, mais tu sais comme il est. Je t'assure, même pour lui, c'est une grâce à lui faire. Il sera beaucoup plus heureux dans l'autre monde : qu'il y joue avec ses arcs et ses flèches ! Ça va leur faire un coup là-bas, j'imagine. Mais lui, qu'est-ce qu'il y perdra ? Quelques dures années dans le monde réel. Il a de terribles varices, tu sais bien.

– Oui…, dit Oswald lentement, je connais tes théories : nous ne mourons pas, nous passons. Et ce sera peut-être moins dur ainsi d'accomplir ce… ce pénible devoir. Je n'aime pas cela mais je crains que tu n'aies raison. Il faut protéger le public.

– Bien dit, Oswald ! le félicitai-je. Avec les responsabilités et l'expérience, il se développait bien, mon frère.

– Je m'occuperai de tout, dis-je.

– Et nous anéantirons cette infâme invention, dit Oswald en hochant la tête.

– Disons que nous la garderons sur la liste secrète, rectifiai-je négligemment.

Pour faire plaisir à père, Oswald proposa quelques menues retouches, comme de mettre des plumes ici et là. Père en fut enchanté : « Une bonne invention, c'est du travail d'équipe », disait-il. Nous passâmes aux essais. Les premiers se firent avec succès. Mais quand ce fut mon tour, quelque chose dut se détraquer, ma flèche s'était tordue ou bien des plumes s'en allèrent, et de son côté père courut sottement pour ramasser les projectiles. Il tomba sans un murmure.

Il nous parut étrange que père ne fût plus là pour nous faire un discours après le banquet. Mais j'étais sûr qu'il eût voulu que je dise quelques mots, et c'est ce que je fis. Je parlai des devoirs qui nous incombaient : celui de nous consacrer à la tâche de devenir humains ; celui de suivre l'exemple qu'il nous avait donné à tous ; celui enfin de tempérer le progrès par une sage prudence. Je le sentais en moi qui me dictait chacune de mes phrases, et qui me suggérait les conclusions. Je me rassis. On me félicita. Mère était inondée de larmes.

– *Tout à fait* comme ton pauvre père, me dit-elle. J'espère seulement que tu seras un peu plus circonspect[1].

Telle fut la fin de père en tant que chair, mes garçons. Et c'était, j'en suis sûr, celle qu'il eût désirée : être occis par une arme vraiment moderne et mangé d'une façon vraiment civilisée. Sa survie fut ainsi assurée, quant au corps et quant à

1. Prudent.

l'ombre. Dans ce monde-ci il vit en nous, tandis que dans l'autre son ombre intérieure hache menu comme chair à pâté les éléphants de rêve. Quand une fois ou deux vous l'avez rencontré en dormant, il vous a intimidés, dites-vous. Mais vous voyez qu'il avait aussi ses côtés attachants.

Nous aimons à penser qu'il fut, parmi les pithécanthropes, le plus grand du pléistocène, et ce n'est pas peu dire. Je vous ai raconté son histoire afin que vous sachiez combien nous lui devons tous, pour le confort et les commodités qui nous entourent. Il était porté davantage, peut-être, vers les idées pratiques plutôt que spéculatives[1], mais n'oublions jamais sa foi indestructible en l'avenir subhumain ; et souvenez-vous aussi que, par sa mort, il a largement contribué à l'élaboration d'institutions sociales absolument fondamentales, telles que le parricide[2] et la patriphagie[3], qui assurent la permanence de l'individu aussi bien que de la communauté. Quand vous passerez dans la forêt, pensez à lui, qui en fut l'arbre le plus puissant. Et peut-être qu'il vous rendra la pareille.

Mais ce n'est pas lui, non, qui a créé le monde. Qui l'a fait ? Cela, je crains que ce ne soit une tout autre question, que je ne peux approfondir pour le moment. D'une part, elle est très compliquée, et même controversée[4]. Et d'autre part, depuis longtemps pour vous c'est l'heure d'aller au lit.

Fin du pléistocène

---

1. Théoriques.
2. Meurtre du père.
3. Acte qui consiste à manger son père.
4. Discutée, contestée.

Après-texte

POUR COMPRENDRE

GROUPEMENTS DE TEXTES

INFORMATION/DOCUMENTATION

Lire

1 Chapitre 1, l. 1-52 (pp. 19-21) : Définissez la situation initiale : où ? quand ? qui ? quoi ? À partir de quelle ligne identifie-t-on le « nous » initial ? En quoi la couverture donne-t-elle une piste de lecture ?

2 Chapitre 1, l. 1-52 (pp. 19-21) : Définissez la situation d'énonciation : qui parle ? à qui ? où ? quand ? dans quel contexte ? Qu'en déduisez-vous sur le genre du récit ?

3 Chapitre 1, l. 79-229 (pp. 22-28) : Quel est le thème de ce premier dialogue ? Où est-il repris dans le roman ?

4 Chapitre 3 (pp. 43-51) : Pour faciliter votre lecture, réalisez l'arbre généalogique de la famille et indiquez les talents de chacun. Complétez-le au fur et à mesure de votre lecture.

5 Chapitre 4 (pp. 52-59) : Relevez la découverte du chapitre et citez son auteur. Faites de même pour chacune des découvertes du roman.

6 Chapitres 9 à 14 (pp. 106-145) : Faites les schémas narratif et actantiel de ces chapitres. Commentez.

7 Chapitres 17 à 19 (pp. 165-189) : Quelles sont les différentes conséquences de l'incendie ?

8 Chapitres 20 et 21 (pp. 190-206) : Pourquoi Ernest a-t-il mangé son père ? Quelle était, finalement, la véritable situation d'énonciation du livre ? Quel est donc le but du récit ?

9 Au fur et à mesure de votre lecture, identifiez les passages comiques.

Écrire

Écrits d'invention

10 Rédigez une quatrième de couverture (en 150 mots) qui donne envie à un élève de votre âge de lire ce livre.

À SAVOIR

LE ROLE DE L'*INCIPIT*

L'*incipit*, ou début de récit, joue un rôle très important dans l'économie du roman. En général, il répond aux questions inconscientes que se pose tout lecteur au moment où il ouvre un livre, c'est-à-dire : où se passe l'action ? quand ? quels sont les personnages ? que va-t-il se passer ? La fonction de l'*incipit* est également d'éclairer immédiatement le lecteur sur les choix d'écriture de l'auteur. En effet, le début de roman permet généralement de définir dans quel type de narration on se trouve (postérieure, antérieure ou simultanée par rapport à l'action), le statut du narrateur (intérieur, extérieur au récit) et le genre du récit (biographique, autobiographique, fictionnel...).

11 Inventez cinq autres titres possibles pour ce roman.

12 Rédigez un article de critique littéraire pour présenter le roman.

Écrits d'argumentation

13 Vous défendrez, dans un développement argumenté, la thèse selon laquelle on ne peut rire de sujets sérieux.

14 Relevez le titre original de l'œuvre dans la présentation (p. 5). Commentez-le et expliquez ce que vous pensez du titre français.

Écrit fonctionnel

15 Chapitre 5 (pp. 60-69) : Réalisez une fiche documentaire sur la vie quotidienne des pithécanthropes à partir de votre réponse à la question 16.

Chercher

16 Faites des recherches sur l'évolution de l'espèce humaine, de l'australopithèque à *l'Homo sapiens*, et les différentes ères (pliocène, pléistocène...), puis réalisez une frise chronologique sur les étapes de l'hominisation.

À SAVOIR

LE SCHÉMA NARRATIF

Le schéma narratif est un schéma en cinq parties qui permet de rendre compte de l'organisation d'un récit.

1. Situation initiale : il s'agit d'une situation stable dans laquelle on présente le temps, le lieu et les personnages de l'histoire. Elle est exprimée à l'imparfait.

2. Élément perturbateur : c'est l'étape qui permet de donner naissance à l'histoire. Quelque chose vient perturber la situation stable du début. Cette étape est généralement exprimée au passé simple.

3. Action : il s'agit à présent de tenter de résoudre la perturbation. Toutes les actions engagées (péripéties) par les différents héros pour ce faire constituent cette étape, qui est en général la plus longue de l'histoire.

4. Résolution : il faut bien comprendre que celle-ci peut être positive aussi bien que négative (le héros peut mourir, par exemple). Elle met un terme aux actions entreprises et introduit la dernière étape.

5. Situation finale : il doit s'agir à nouveau d'une situation stable, qui renseigne le lecteur sur le sort des personnages les plus importants.

Lire

1 Chapitre 2 (pp. 29-42) : Comment s'opère la transition entre le chapitre 1 et le chapitre 2 ? Relevez, parmi les autres chapitres, quelques enchaînements que vous commenterez.

2 Dans ce même chapitre, repérez un retour en arrière ou analepse (encadré « à savoir »). Par quels mots est-il introduit ? Quelles précisions vient-il apporter ? Expliquez pourquoi l'auteur n'a pas placé ce passage au début du livre.

3 Chapitre 4 (pp. 52-59) : Délimitez l'analepse. Quelle ellipse narrative (encadré « à savoir ») du chapitre 2 permet-il de venir combler ? Montrez qu'il opère également un changement de point de vue par rapport aux lignes 287 à 326 (pp. 40-42) du chapitre 2.

4 Chapitre 11, l. 114-150 (pp. 127-129) : Le récit de Griselda offre au lecteur un autre point de vue (encadré « à savoir » p. 215) sur l'arrivée des garçons sur son territoire. Comparez ces deux récits. Quel effet l'auteur a-t-il voulu produire ?

5 Chapitre 20, l. 118-129 (pp. 194-195) : À quel passage du chapitre 4 ces lignes font-elles penser ? Comparez l'action du père durant ces deux absences.

Écrire

Écrits d'invention

6 À partir des données du chapitre 20 (pp. 190-197), restituez le dialogue argumentatif (pour aboutir au traité) entre les deux chefs de horde.

7 Rédigez ce traité en respectant les codes de ce type d'écrit (question 10).

Écrit d'argumentation

8 La démocratie peut-elle toujours reposer sur la transparence ? Développez votre point de vue à l'aide d'exemples tirés de l'actualité, en France comme à l'étranger.

Chercher

9 À l'aide de manuels d'histoire, trouvez des extraits de traités officiels. Que remarquez-vous quant au style ?

10 En lien avec le cours d'histoire, recherchez, dans les traités internationaux du passé, des clauses secrètes qui n'ont été révélées que bien plus tard.

Oral

11 Faites une synthèse sur l'organisation du récit de Roy Lewis en dix minutes devant la classe. Prévoyez un support visuel (schéma au tableau, rétroprojecteur...).

À SAVOIR

LA CHRONOLOGIE DU RÉCIT

Si les événements sont racontés dans l'ordre même où ils se sont déroulés, on dit que la narration est chronologique, mais il arrive souvent que le récit, afin de créer divers effets (notamment le suspens), ne respecte pas cet ordre. Deux effets chronologiques sont possibles :
– L'anticipation (ou prolepse) : le narrateur laisse entrevoir des événements qui auront lieu plus tard. Cela lui permet de créer un effet d'attente s'il ne les dévoile pas entièrement. Par exemple, dans ce livre, la mort de l'oncle Ian est annoncée par avance (chapitre 8, p. 104, l. 249-250). Les indices temporels indicateurs de l'annonce sont évidemment tournés vers le futur et accompagnés des temps qui permettent d'exprimer la postériorité.
– Le retour en arrière (ou analepse) : le narrateur revient sur des événements passés, soit pour en donner un nouvel éclairage, soit pour combler une ellipse. Les indices temporels, dans ce cas, sont tournés vers le passé et les temps expriment l'antériorité. Au cinéma, on appelle cela un *flash-back*.

À SAVOIR

LES VITESSES DU RÉCIT

Pour raconter une série d'événements, le narrateur a le choix entre différentes vitesses de récit.
– La scène : le narrateur choisit de raconter les événements presque en temps réel, c'est-à-dire que le lecteur met autant de temps à lire que les événements en ont mis à se dérouler. On dit que le temps du récit et le temps de l'histoire sont équivalents. C'est souvent le cas des dialogues rapportés directement.
– Le sommaire : le narrateur choisit de résumer les événements. Dans ce cas, le temps du récit est inférieur au temps de l'histoire. Plusieurs années peuvent être ainsi racontées en quelques lignes. C'est une vitesse de récit assez répandue.
– La pause : le narrateur cesse de raconter des événements pour décrire un lieu, un personnage ou pour faire des commentaires sur l'action. Dans ce cas, le temps de l'histoire est égal à zéro.
– L'ellipse narrative : une partie des événements est passée sous silence, soit parce que les événements en question n'ont pas d'intérêt ou se répètent, soit parce que le narrateur veut créer un effet d'attente.

Lire

1 Définissez la situation d'énonciation (qui parle ? à qui ? où ? quand ? dans quelles circonstances ?) de chacun des deux dialogues (chap. 1 et 6).

2 Quel est le thème de chacun d'eux ? Quelle est la thèse défendue par chacun des deux personnages ?

3 Pour le premier dialogue (chap. 1) : Dans un tableau à double entrée, relevez le vocabulaire péjoratif et mélioratif utilisé par chacun des deux émetteurs à l'appui de sa thèse.

4 Quels sont les différents types d'arguments utilisés dans ces deux dialogues (encadré « à savoir ») ?

5 Le narrateur qualifie le premier discours de Vania de « pathétique » (p. 23, l. 105). Qu'en pensez-vous ? Justifiez.

6 Montrez que, dans le dialogue du premier chapitre, l'attitude d'Édouard évolue.

7 Chapitre 1, p. 27, l. 201-213 : Relevez les concessions utilisées par Édouard (encadré « à savoir » p. 218).

8 D'après vous, dans ces deux dialogues, pour qui le narrateur prend-il parti ? Montrez-le.

9 Comment interprétez-vous le passage où Vania se brûle le pied sur une braise ?

10 Chapitre 6, p. 74, l. 111 : Justifiez les points de suspension.

11 Dans le dialogue argumentatif du chapitre 6, quel est le champ lexical utilisé par Vania pour définir le caractère d'Édouard ?

Écrire

Écrit d'invention

12 Rédigez un dialogue argumentatif entre un partisan d'un retour à la nature et un partisan de la thèse adverse. Vous varierez les types d'arguments et les registres.

Écrits d'argumentation

13 « Notre vie est devenue une vie de bureau, l'homme perd le contact expérimental avec la nature. J'ai fait beaucoup de mer et de cheval, j'ai le goût de la botanique et de l'ethnographie, et je suis très étonné de voir que l'homme est devenu tellement urbain que les mots courants ruraux, même pas des archaïsmes, sont devenus des "mots rares" » déclarait le poète Saint-John Perse dans une interview accordée à Pierre Mazars dans le *Figaro littéraire* du 5 novembre 1960. Commentez à partir de votre expérience personnelle.

14 Montaigne écrit, dans le chapitre XIII du livre III des *Essais*, « Nature est un doux guide, mais non pas plus doux que prudent et juste ». Comment peut-on comprendre cette affirmation ?

Écrit fonctionnel

15 Rédigez une fiche de vocabulaire sur le mot « nature ». Utilisez-la pour les divers travaux d'écriture proposés ici.

Chercher

16 Chapitre 1 : Cherchez les différents sens de « dénaturée » (p. 25, l. 148-156), de « réaction en chaîne » et de « jouer avec le feu » (p. 27, l. 199-200). Montrez qu'il y a un jeu sur les mots.

17 Chapitre 6, p. 70, l. 10 : Quel héros mythologique a dérobé le feu pour le donner aux hommes ? Quelle fut sa punition ?

18 Chapitre 6 : Trouvez et recopiez les dix commandements dans la Bible (Exode 20, 1-17 ; Deutéronome 5, 6-21). À quel temps et personnes sont-ils exprimés ? Comparez-les avec les commandements de Vania.

Oral

19 Organisez une délibération en partageant la classe en deux. L'un de vous sera président de séance et régulera les débats. Le thème pourrait être celui du travail d'invention (question 12).

20 Résumez, de façon claire et synthétique, à partir de votre fiche de vocabulaire (question 15), les sens et l'évolution du mot « nature ».

À SAVOIR

LES DIFFÉRENTS TYPES D'ARGUMENTS

À l'appui de sa thèse (idée défendue), l'émetteur se doit d'utiliser des arguments. Ceux-ci se révèleront d'autant plus efficaces qu'ils seront mieux adaptés à leur destinataire. Un bon stratège en matière d'argumentation est donc capable de choisir, parmi les types d'arguments qui existent, ceux qui seront les plus efficaces. Parmi les arguments les plus courants, on repère :
– l'argument par analogie qui consiste à traiter sur le même plan deux situations qui offrent des points communs ;
– l'argument d'autorité qui ne souffre pas d'objection en raison même de la fiabilité supposée de l'émetteur ;
– l'exemple qui joue à lui seul le rôle de preuve et qui a l'avantage de présenter des réalités concrètes (statistiques, historiques...).

Lire

Chapitre 8 (pp. 94-105)

1 Comparez l'état d'esprit de l'ethnologue (Ian) et d'Édouard sur les différentes « espèces » auxquelles il est fait allusion dans ce chapitre.

2 Commentez l'évolution de l'état d'esprit d'Édouard au fur et à mesure du récit d'oncle Ian.

3 Quel niveau de langue utilise oncle Ian ? Pourquoi l'auteur a-t-il choisi de le faire s'exprimer ainsi ?

4 Chapitre 10, pp. 118-119 : Quels sont les premiers jugements portés par les garçons sur cette horde étrangère ? Qu'est-ce qui va faire évoluer leur jugement ?

5 Chapitre 20, pp. 191 (l. 48)-197 : Quelle est la première réaction de la horde à la vue des étrangers ? Relevez les différentes façons de les nommer dans ce texte et commentez ce relevé.

6 Chapitre 20, pp. 191-197 : Relevez les étapes de la négociation. Qu'en pensez-vous ?

Écrire

Écrits d'invention

7 Chapitre 20, pp. 195-196, l. 132-161 : changement de point de vue. Écrivez la scène parallèle qui a pu avoir lieu dans l'autre horde.

8 Chapitre 8, p. 96, l. 57-59 : Après avoir cherché les caractéristiques du registre épique, faites le récit d'oncle Ian en utilisant ce registre.

Écrits d'argumentation

9 Quelle horde est la plus avantagée par les termes du contrat ? Justifiez votre réponse.

10 Montaigne déclare dans le chapitre « De la vanité » (III, 9) des *Essais* : « Le voyage me semble un exercice profitable [...] et je ne sache point meilleure école, comme j'ai dit souvent, à former la vie ». Vous montrerez la pertinence de ce propos à l'aide d'exemples argumentés.

Chercher

11 Reproduisez sur une carte le trajet de l'oncle Ian.

12 Chapitre 8, p. 95 : Citez quelques inventions et découvertes faites par les Chinois et précisez leur date.

13 Citez quelques grands récits de voyage de l'Antiquité à nos jours.

14 Dans une anthologie littéraire, retrouvez un extrait du chapitre IX du livre III des *Essais* de Montaigne (1588). Recopiez quelques citations.

15 Chapitre 20, pp. 192-193 : Que sont que le volapük et l'espéranto ?

16 Chapitre 8, p. 101 (l. 185 : « il pisse le lait et le miel ») ; chapitre 20, p. 190

(l. 21 : « Jour après jour l'exode se poursuivait »), p. 191 (l. 38 : « C'est la Terre promise ») : À quoi ces termes font-ils référence ?

Oral

17 À la façon d'un conteur épique, lisez votre récit à la classe.

À SAVOIR

LE POINT DE VUE OU FOCALISATION

Comme le mot « vue » l'indique, chercher le point de vue utilisé dans un texte revient à se poser la question : qui voit ? mais aussi : qui entend ? qui pense ? qui ressent ? C'est pour cela qu'il est bon, avant de tenter de déterminer le point de vue que l'auteur a choisi d'utiliser, de relever tous les verbes de perception (voir, entendre, penser...) et leur sujet.

Il existe trois points de vue possibles :

– Le point de vue extérieur (ou focalisation externe) : les événements semblent se raconter d'eux-mêmes sans qu'aucun personnage ne les perçoive. Dans ce cas, bien sûr, il n'y a pas de verbes de perception.

– Le point de vue intérieur (ou focalisation interne) : l'auteur choisit de rapporter la scène telle qu'elle a été vue, pensée, ressentie par l'un de ses personnages. Dans ce cas, les verbes de perception ont tous le même sujet et il s'agit du personnage en question. L'auteur est alors prisonnier de ce point de vue et il ne peut rapporter que ce que ce personnage voit ou entend. La grande majorité de *Pourquoi j'ai mangé mon père* utilise le point de vue intérieur d'Ernest, le narrateur.

– Le point de vue omniscient (ou focalisation zéro) : le narrateur est censé tout savoir sur tout et peut ainsi nous donner les pensées de plusieurs personnages, ou même raconter ce qui se passe dans des lieux différents. Dans ce cas, les verbes de perception peuvent avoir plusieurs sujets.

Un même texte fait souvent alterner plusieurs points de vue.

Lire

Chapitre 9 (pp. 106-115)

1 Premier paragraphe (l. 1-7) : Relevez un détail qui prépare la fin de l'histoire.

2 l. 97-243 : Dans un tableau à double entrée, classez les arguments pour et contre l'exogamie. Relevez les termes péjoratifs employés par les fils pour en parler.

3 l. 162-177 : Relevez et analysez les métaphores utilisées par le père.

4 l. 197-212 : Relevez un argument d'autorité (encadré « à savoir » p. 213). Par qui est-il utilisé et pourquoi ?

Chapitre 10 (pp. 116-122)

5 l. 25-49 et 132-156 : Résumez la stratégie de conquête des garçons. Lequel semble avoir une vision plus romantique ?

6 l. 75-95 : Quels sont les critères de la beauté féminine pour les héros ? Quels sont les procédés comiques utilisés dans ces portraits ?

Chapitres 11 et 12 (pp. 123-135)

7 Chapitre 11, l. 1-74 : La narration de la poursuite de Griselda utilise deux métaphores filées. Faites-en le relevé et l'analyse.

8 Chapitre 11, l. 87-175 et chapitre 12, l. 107-113 : Quelle est la stratégie de Griselda pour séduire Ernest ? Quelle erreur psychologique commet-elle qui fait fuir Ernest ? Comment réussit-elle finalement à se faire capturer ?

Chapitre 13 (pp. 136-139)

9 Relevez les marques du registre lyrique dans ce chapitre (encadré « à savoir »).

10 l. 38-58 : Commentez l'utilisation du pronom personnel et de l'imparfait dans ce passage.

Chapitre 14 (pp. 140-145)

11 l. 24-121 : Comparez les stratégies qui ont réellement été utilisées par les garçons avec celles qui sont prévues au chapitre 10. Quel effet comique remarquez-vous ?

Chapitre 15 (pp. 146-154)

12 l. 156-191 : Relevez les marques de jalousie d'Ernest. Quelle vie amoureuse aurait-il souhaité ?

Écrire

Écrits d'invention

13 Écrivez une lettre à Ernest pour le convaincre que la découverte de l'amour reste toujours aussi merveilleuse au XXIe siècle et que c'est toujours comme s'il « venait d'éclore » (chapitre 13, p. 136, l. 22).

À SAVOIR

LE REGISTRE LYRIQUE

L'adjectif « lyrique » vient du mot « lyre », instrument de musique dont se servait Orphée (héros de la mythologie grecque) pour accompagner ses chants et charmer ainsi la nature. Depuis le XIXe siècle, ce terme est utilisé pour caractériser l'expression de sentiments personnels (joie, regret, chagrin, amertume, enthousiasme...).
Le registre lyrique se repère grâce à certains procédés comme l'utilisation fréquente de la première personne, le lexique des sentiments, la ponctuation expressive et l'utilisation de certaines figures de style comme la comparaison, la métaphore, l'hyperbole, l'anaphore...

14 Chapitre 13, l. 64-76 : Transcrivez ce passage au discours direct.

Écrits d'argumentation

15 Chapitre 9, pp. 111-112, l. 146-155 : Montrez qu'il y a contradiction entre le fond et la forme dans ce passage.

16 Chapitre 9 : « Tu chercheras dans le travail [...] une diversion à tes difficultés, avec un surcroît d'énergie » dit Édouard à ses fils aux lignes 189-190. Faites l'éloge du travail comme moyen d'épanouissement personnel.

17 Commentez l'usage du lyrisme dans le chapitre 13.

Écrit fonctionnel

18 Réalisez une fiche de vocabulaire, aussi complète que possible, à partir d'un grand dictionnaire de langue, sur le mot « travail » et une autre sur le mot « amour ».

Chercher

19 Recherchez le mythe de l'androgyne évoqué dans *Le Banquet* de Platon. À quelles lignes l'auteur y fait-il allusion dans le chapitre 13 ?

20 Qu'appelle-t-on les « Vénus stéatopyges » et « callipyges » ? Comparez l'idéal féminin de la horde avec des représentations de la femme dans l'art préhistorique.

21 Renseignez-vous sur les théories que Freud expose dans *Totem et Tabou* (1913). Quel traitement Lewis en fait-il ?

Oral

22 Lisez, en mettant le ton, l'éloge amoureux d'Ernest (p. 136).

23 Préparez un exposé sur l'art préhistorique (sculptures et peintures rupestres).

Lire

Lignes 1-41

1 Relevez toutes les concessions utilisées par Ernest et classez, dans un tableau à double entrée, les arguments pour et contre le fait d'épouser Griselda.

2 Repérez les questions qu'Ernest se pose à lui-même puis montrez comment elles font progresser sa réflexion.

3 Relevez les marques de misogynie (méfiance et dévalorisation de la femme) dans ce passage.

4 Faites le plan du monologue en donnant un titre, sous forme de groupe nominal, à chacune des parties repérées. Indiquez les lignes.

5 Quelle a été l'utilité du monologue ?

6 l. 42-113 : Faites le schéma narratif du passage, puis son schéma actantiel.

7 l. 103-111 : Montrez comment ce court passage reprend des clichés romantiques.

Écrire

Écrits d'invention

8 Écrivez le monologue délibératif qu'un jeune homme d'aujourd'hui pourrait tenir sur le même sujet. Utilisez des concessions et des questions.

9 Agacement ? Attendrissement ? Ferme détermination ? Déception ?... Rédigez le monologue que Griselda aurait pu prononcer avant l'épisode du léopard.

Écrits d'argumentation

10 Commentez le passage des lignes 42-60 (en mêlant toujours fond et forme) et montrez qu'il s'agit d'une méditation poétique. Analysez l'effet de la chute finale.

À SAVOIR

LE MOUVEMENT CONCESSIF

La concession peut se définir comme une stratégie argumentative qui consiste à donner raison au récepteur, dans un premier temps, pour mieux lui assener une vérité contraire par la suite. C'est donc le système binaire reposant sur des connecteurs logiques qui rythme la concession : « Bien sûr... mais » ; « Certes... cependant » ; « Il est vrai... et pourtant »...
Dans son monologue délibératif, au chapitre 12, Ernest utilise plusieurs fois la concession. Ainsi, p. 132, l. 24-25 : « Certes, elle m'avait indignement traité, mais je ne pouvais douter de son estime admirative ».

11 Faites une comparaison du traitement littéraire de l'animal chez Roy Lewis (l. 42-60), Leconte de Lisle et Buffon (voir questions 13 et 14).

Chercher

12 Relisez les stances de Rodrigue dans *Le Cid* de Corneille (acte I, sc. 6). Analysez les points communs et les différences entre le monologue d'Ernest et celui de Rodrigue.

13 Lisez quelques-uns des *Poèmes barbares* de Leconte de Lisle (1872) consacrés aux animaux comme « Le rêve du jaguar » ou « Les éléphants ». Recopiez celui que vous préférez.

14 Recherchez, dans une anthologie littéraire, un extrait de *L'Histoire naturelle* de Buffon (1750) qui décrit un animal.

Oral

15 Apprenez le monologue délibératif de Rodrigue et jouez-le devant la classe.

16 Faites la lecture du poème de Leconte de Lisle que vous avez choisi (question 13). Justifiez votre choix.

À SAVOIR

LE SCHÉMA ACTANTIEL

Dans un récit, est considéré comme actant tout personnage ou toute force qui occupe une fonction particulière dans la narration. Le schéma actantiel rend compte du rôle que chacun joue dans un même épisode narratif. Il met en valeur six fonctions :

– Le destinateur est le personnage ou l'abstraction qui pousse le sujet à chercher l'objet. Par exemple, Griselda, à la fin du livre, est le destinateur qui pousse Ernest (le sujet) au meurtre du père (l'objet).

– Le destinataire désigne la personne ou l'abstraction qui va bénéficier des résultats de la quête du sujet : la horde tout entière dans le cas précédemment cité.

– Dans sa quête, le sujet est à la fois aidé par des forces appelées adjuvants ou aides (invention de l'arc par le père) mais aussi freiné par des forces contraires appelées opposants (la tristesse d'Ernest à l'idée de tuer son père).

Il est important de noter qu'un même actant peut occuper plusieurs fonctions au sein du schéma actantiel. Par exemple, dans le passage auquel il a déjà été fait allusion, le père est à la fois l'objet (on cherche sa mort), l'adjuvant (il invente l'arme du crime) et l'opposant (il rend le crime plus difficile à cause des liens qui l'unissent à son fils).

Lire

1 Pages 157-160, l. 73-142 : Quel est le but annoncé du discours paternel ?

2 Dégagez le plan du discours et donnez un titre à chacune des parties repérées. Vous serez attentif aux temps utilisés.

3 Plus précisément, dégagez les différentes étapes de l'introduction.

4 Dans quelle mesure le monologue du père correspond-il à la forme traditionnelle du discours (encadré « à savoir ») ?

5 Relevez tous les procédés utilisés par Édouard pour rendre son récit convaincant.

6 Relevez les éléments qui ajoutent une note comique à ce discours.

7 Comparez rapidement la politique d'Édouard et celle de Vania. Quel effet l'auteur a-t-il voulu créer ?

8 Pages 160-161, l. 146-166 : Relisez toutes les interventions du père. Qu'expriment-elles ? Par quels moyens ? À quoi font-elles penser ?

9 En quoi le père se transforme-t-il à la fin de son discours ? Comment interprétez-vous cela ?

10 Page 159, l. 102-105 : Peut-on faire une interprétation politique de la position spatiale de Vania ? Expliquez.

11 Page 159, l. 102-105 : Pourquoi peut-on dire que les paroles de Vania mettent en évidence les contradictions du personnage ?

12 Page 162, l. 192-195 : Étudiez le rythme et la syntaxe de cette phrase.

Écrire

Écrits d'invention

13 À la façon d'Édouard pour ses enfants, écrivez l'épithalame (discours de mariage) qu'un père ou une mère d'aujourd'hui pourrait prononcer le jour du mariage d'un de ses enfants.

14 Sur le même mode, et avec les mêmes moyens grammaticaux qu'Édouard (pp. 160-161, l. 146-166), exprimez les vœux que vous formuleriez pour l'avenir de l'humanité.

Écrits d'argumentation

15 Pages 159-160, l. 106-129 : Dans un développement argumenté, relevez et commentez les procédés d'écriture comique (analyse stylistique et syntaxique).

16 Reformulez la thèse d'Édouard puis discutez-la dans un développement argumenté.

17 Après avoir traité la question 20, vous montrerez en quoi Édouard s'abandonne à la démesure traditionnelle (*hybris*) du héros tragique.

18 Pages 68-69, l. 195-224 : Comparez le discours d'Édouard avec les propos tenus à la fin du chapitre 5. En quoi la supériorité de l'homme est-elle paradoxale ?

Écrit fonctionnel

19 Résumez en 200 mots le discours d'Édouard.

Chercher

20 Cherchez, dans une encyclopédie, le sens du mot *hybris*, son domaine d'application et les conséquences pour celui qui s'y livre selon la tradition issue de l'Antiquité.

21 Cherchez dans les œuvres d'Eschyle, de Sophocle, d'Euripide, de Racine, de Corneille ou encore de Shakespeare, des monologues qui illustrent la démesure du héros tragique.

Oral

22 Lisez, en mettant le ton, le discours d'Édouard ou le vôtre (question 14), au choix.

23 Faites le même exercice avec les monologues de la question 21.

24 Préparez un exposé sur le héros tragique au théâtre.

À SAVOIR

LE DISCOURS

De taille et de contenu variables, le discours obéit à une organisation particulière héritée de l'art oratoire antique et doit suivre quatre étapes.

L'exorde doit attirer l'attention du destinataire et le préparer à l'écoute. Il s'agit de capter la bienveillance de l'auditoire. C'est ce que l'on appelait, à Rome, la *captatio benevoluntae*. Le but de l'exorde est donc de plaire.

La narration présente les faits, à travers un récit (par exemple les faits marquants d'une vie).

La confirmation expose les preuves et développe les arguments préparés par la narration. Ces deux parties doivent instruire.

La péroraison, quant à elle, résume l'argumentation et doit émouvoir le public.

Lire

1 Page 165, l. 1-19 : Montrez comment l'auteur retarde la révélation importante que le père désire faire à la horde.

2 Quels sont les sentiments du père au début et à la fin du chapitre ? Qu'en concluez-vous ?

3 Dégagez la structure du chapitre : vous donnerez un titre à chacune de ses quatre parties.

4 En quoi l'épisode de l'incendie modifie-t-il l'image du père aux yeux de la horde ?

5 Page 169, l. 118 : Vania déclare « C'est la fin du monde ! » Quel sens pouvez-vous donner à cette phrase dans le contexte du récit et dans le contexte de publication du roman ?

6 Pages 172-173, l. 193-205 : Quel sens donner à l'épilogue (silence de Vania, jugement de Griselda...) ?

Écrire

Écrits d'invention

7 Après avoir relevé dans un dictionnaire des expressions contenant le mot « feu », composez un court récit en les utilisant.

8 Développez la phrase de Griselda qui clôt le chapitre « Ton père [...] est *impossible* ! » en utilisant les arguments qui auraient pu être les siens.

Écrits d'argumentation

9 Montrez que l'ensemble de l'épisode de l'incendie peut être considéré comme un apologue.

10 Montrez que le passage des lignes 40 à 118 (pp. 166-169) est à la fois pathétique et comique. Analysez précisément quelques procédés.

11 Dans la lettre de Gargantua à son fils (*Pantagruel*, chapitre VIII, 1532), il dit que : « Science sans conscience n'est que ruine de l'âme ». Commentez cette phrase de Rabelais à la lumière de ce chapitre et complétez votre analyse par des exemples contemporains.

Écrit fonctionnel

12 À l'aide d'un dictionnaire des symboles ou d'une encyclopédie, rédigez une fiche de synthèse sur les valeurs traditionnellement associées au feu.

Chercher

13 Recherchez dans la Bible le passage suivant de la Genèse (Gen., ch. 6 à ch. 8) et comparez-le avec ce chapitre.

Oral

15 Faites un exposé sur les valeurs du feu (question 12).

À SAVOIR

LES REGISTRES PATHÉTIQUE ET COMIQUE

Les textes qui utilisent le registre pathétique ont pour finalité de susciter chez le lecteur des émotions telles que la sympathie, la souffrance (*pathos* signifie « souffrance » en grec), la colère, ou encore la compassion. Pour ce faire, l'auteur dispose de plusieurs moyens : le lexique des sentiments, la phrase exclamative, les interjections, les images rhétoriques qui permettent de frapper l'esprit du lecteur et de créer une hypotypose (façon si réaliste de dépeindre les événements que le lecteur a l'impression que la scène se passe sous ses yeux).

Le registre comique cherche à provoquer le rire, ou tout au moins le sourire amusé du lecteur. Il naît souvent d'un décalage entre ce que le lecteur attendait et ce que le narrateur lui propose. Par exemple, dans *Pourquoi j'ai mangé mon père*, Roy Lewis utilise en permanence le décalage temporel, et ces anachronismes récurrents ne manquent pas de susciter le sourire du lecteur averti. Les procédés pour faire naître le sourire du lecteur sont variés et l'on distingue donc plusieurs types de comique (encadré « à savoir » p. 227).

À SAVOIR

FICTION ET ARGUMENTATION

Il existe plusieurs types de récits fictifs qui peuvent servir une argumentation.

– L'apologue ou la fable, genres qui remontent à l'Antiquité, désignent un récit en prose ou en vers, mettant en scène des animaux ou des êtres humains, dont le but est de fournir un enseignement moral.

– La parabole est une forme de l'apologue qui présente sous un aspect imagé une vérité religieuse ou un enseignement spirituel.

– Le conte, issu de la tradition orale, présente les aventures d'un héros qui doit subir une série d'épreuves, qui sont autant d'initiations, avant d'atteindre le but fixé. Le conte a souvent une vertu morale.

– Le conte philosophique illustre une thèse à travers un récit qui est chargé de transmettre les idées de l'auteur.

Lire

1 Comment Griselda s'y prend-elle pour convaincre Ernest qu'il est nécessaire de tuer Édouard ?

2 Chapitre 21, pp. 198-199 : Relevez les modalisations qui montrent qu'Ernest n'adhère pas tout à fait à ce jugement.

3 Chapitre 19 (pp. 184-189) : Repérez un apologue. Quelle est sa morale ? Quelle fonction remplit-il dans le récit ?

4 Chapitre 20 (pp. 190-197) : Repérez un passage qui utilise de façon parodique le langage politique et diplomatique.

5 Chapitre 21, p. 204, l. 166-169 : Comment le parricide est-il évoqué ? Quel est le nom de cette figure de style ? Que révèle-t-elle ?

6 Chapitre 21, pp. 202-203 : Relevez le champ lexical qui permet de dégager l'état d'esprit d'Ernest avant le meurtre.

7 Montrez que la mort est un leitmotiv dans ces chapitres. Quels personnages y font allusion ?

8 Relevez les marques de fusion entre le père et le fils à la fin du texte. Quel lien faites-vous avec la patriphagie ?

Écrire

Écrits d'invention

9 Chapitre 21, pp. 205-206, l. 196-217 : À la manière d'Ernest, rédigez l'éloge funèbre de l'oncle Ian (encadré « à savoir »).

10 Chapitre 20, p. 197, l. 197-199 : Imaginez le discours du père quand il révèle le secret du feu aux étrangers.

Écrits d'argumentation

11 Dans un paragraphe construit, expliquez en quoi le passage de l'autocratie à la démocratie (chapitre 19, p. 184, l. 10-12) rend nécessaire une bonne maîtrise de l'argumentation.

12 Vous rédigerez le commentaire de l'éloge funèbre d'Édouard (chapitre 21, pp. 205-206, l. 196-217) en montrant dans quelle mesure il répond aux règles du genre (encadré « à savoir »).

Chercher

13 Cherchez l'oraison funèbre d'Henriette d'Angleterre par Bossuet et de Jean Moulin par Malraux. Comparez ces textes avec le discours d'Ernest en hommage à son père (chapitre 21, pp. 205-206, l. 196-217).

14 Recherchez la légende de Saturne. Quel lien pouvez-vous faire avec le texte ?

15 Retrouvez dans les peintures noires de Goya le thème du cannibalisme. Utilise-t-il le même registre qu'ici ?

À SAVOIR

ORAISON FUNÈBRE ET REGISTRE ORATOIRE

L'oraison funèbre est un discours que l'on prononce après le décès d'un personnage important. C'est l'occasion pour une société de rendre hommage à ses héros et d'exalter ses valeurs. L'éloge et la méditation y sont associés. Le discours final d'Ernest est un éloge funèbre.

Le registre oratoire fait appel au pathétique (tristesse) ou au sublime (admiration) pour produire des effets dramatiques puissants, notamment par l'emploi fréquent de termes collectifs, d'anaphores, de périodes, d'accumulations, de gradations, de maximes ou de citations. En outre, l'oralité du texte est fortement marquée par l'emploi de la première personne, des apostrophes, des impératifs et des questions oratoires.

16 À l'aide d'une encyclopédie, renseignez-vous sur la thèse développée par Freud dans *Totem et Tabou*. Quel lien fait-il entre parricide, patriphagie et évolution de l'humanité ?

17 Cherchez les *Regrets sur ma vieille robe de chambre* de Diderot (1772). Pourquoi peut-on parler d'éloge paradoxal ?

Oral

18 Lisez, en vue de produire un effet comique, un extrait du texte de Diderot (question 17).

À SAVOIR

L'IMPLICITE : PRÉSUPPOSÉ ET SOUS-ENTENDU

L'implicite correspond à ce qui n'est pas dit ou écrit en toutes lettres. Il joue, dans le discours argumentatif, un rôle au moins aussi important que l'explicite (ce qui est dit clairement).

Le sous-entendu est une information qui insinue ou suggère quelque chose que l'émetteur pourra réfuter par la suite dans la mesure où elle ne figure pas explicitement dans l'énoncé. Seul le contexte permet de comprendre le sous-entendu (voir lignes 140-146, p. 189).

Le présupposé est une information imposée par le message et que le récepteur doit accepter s'il respecte les règles de la communication (voir p. 196, l. 162 : « Eh bien, et l'article cinq ? dit Griselda » alors que le père n'a mentionné que quatre articles).

Lire

1 Page 110, l. 106-108, Ernest juge l'exogamie contre nature. Montrez que cette remarque n'est comique que pour le lecteur et non pour les récepteurs du discours d'Ernest qui sont désignés à la fin du livre.

2 À maintes reprises dans le roman, le comique naît d'un décalage temporel (anachronisme). Montrez-le en citant puis en analysant quelques exemples parmi ceux qui vous ont fait le plus rire.

3 Le roman utilise différents procédés comiques (encadré « à savoir ») empruntés au théâtre. Relevez plusieurs exemples dans ce texte et classez-les.

4 Les peintures rupestres représentent surtout des animaux. Pourquoi donc est-ce oncle Vania qui est représenté en premier (pp. 20-21, l. 41-46) ?

5 Quels autres personnages sont décrits de façon comique dans cette œuvre ? Analysez les procédés de la caricature.

6 Montrez en quoi l'intertextualité est source de comique dans ce roman, en citant des exemples que vous prendrez soin d'analyser.

7 Repérez et analysez les différentes figures de style qui servent le comique dans le roman.

8 Repérez et analysez plusieurs parodies dans le roman.

9 *Back to the trees* : à quel mouvement de pensée, apparu dans les mêmes années que le roman, la phrase fétiche de Vania renvoie-t-elle ?

10 Chapitre 18, pp. 179-182, l. 138-211 : Montrez que la discussion d'Ernest et de son père aborde la question de la science sous ses aspects politique, économique, stratégique ou encore philosophique.

11 Chapitre 18, pp. 182-183, l. 223-235 : Montrez que ces lignes s'adaptent mot pour mot au danger nucléaire tel que l'envisagent les grandes puissances.

Écrire

Écrits d'invention

12 Éloge et blâme : Rédigez la caricature d'un homme d'aujourd'hui en le comparant à un homme préhistorique (voir question 5).

13 En vous aidant des pages roses du dictionnaire, rédigez un texte qui adaptera, de façon comique, différents proverbes parmi les plus connus.

14 Imaginez un dialogue où s'enchaînent des mots identiques pris dans des sens différents (antanaclase). Voir, par exemple, p. 148, l. 51-52.

15 Chapitre 16, pp. 159-160, l. 106-129 : Écrivez un apologue qui réponde à la déclaration d'Édouard afin d'en montrer les limites.

Écrits d'argumentation

16 Vous présenterez les fonctions du rire dans ce roman.

17 Chapitre 16, pp. 159-160, l. 106-142 : Résumez en quelques mots les thèses opposées d'Édouard et de Vania. Commentez-les.

18 Chapitre 19, pp. 186-187, l. 50-74. Étudiez et commentez l'apologue du lion. Quel lien le mot « cœur » permet-il de faire avec le chapitre 18, l. 138-211 ?

19 Rédigez un dialogue argumentatif entre deux personnes : l'une fera l'éloge de l'apologue comme mode d'argumentation et l'autre en fera le blâme.

Chercher

20 Chapitre 18, pp. 179-182, l. 138-211 : Faites un lien entre la discussion d'Ernest avec son père et des faits contemporains (par exemple, la polémique engagée par les pays du tiers monde en 2001 sur le prix des médicaments contre le sida).

21 Citez des films que l'on peut analyser comme des apologues. Expliquez pourquoi.

22 Renseignez-vous sur *Le Rire* de Bergson. Lisez-en quelques extraits. Quelle est sa thèse principale ? Pouvez-vous l'appliquer au roman de Lewis ?

Oral

23 Choisissez et récitez une fable de La Fontaine qui illustre l'idée que le comique peut instruire.

À SAVOIR

LES DIFFÉRENTS TYPES DE COMIQUE

Les ressorts du comique sont assez nombreux. On distingue :
– le comique de mots, qui joue sur les sens possibles d'un terme (ex. : p. 168, l. 86-87 « si [le feu] nous rattrapait, nous étions cuits ») ;
– le comique de caractère, qui permet de ridiculiser un personnage (ici, Oncle Vania, enfermé dans son attitude réactionnaire, ou Ernest dans sa misogynie) ;
– le comique de répétition (ex. : la récurrence des expressions comme « *back to the trees* » ou « les possibilités sont prodigieuses ») ;
– le comique de situation (ex. : tante Barbe tombe dans les braises) ;
– le comique de contraste (ex. : Alexandre, qui semblait le plus « raffiné » des frères, assomme sa belle) ;
– le comique de gestes (ex. : le geste emphatique d'Édouard, p. 165, l. 11).

I) GRANDEUR DE L'HOMME

Les déclarations enthousiastes d'Édouard sur l'espèce humaine (fin du chapitre 5) sont l'écho d'un humanisme occidental qui trouve ses racines dans l'Antiquité grecque revivifiée à la Renaissance. C'est ainsi que l'on peut tracer une ligne qui, de Sophocle à Roy Lewis en passant par Pic de La Mirandole, affirme l'éminente dignité de l'homme.

Sophocle (496-406 av. J.-C.)

Antigone (442 av. J.-C.)

Le chœur, ignorant qu'Antigone a enfreint la loi, rappelle l'impérieuse nécessité de cette dernière, non sans avoir chanté auparavant un des plus beaux hymnes à la grandeur de l'homme, à son inlassable effort de conquête de lui-même et du monde.

Il est bien des merveilles en ce monde, il n'en est pas de plus grande que l'homme.

Il est l'être qui sait traverser la mer grise, à l'heure où soufflent le vent du Sud et ses orages, et qui va son chemin au milieu des abîmes que lui ouvrent les flots soulevés. Il est l'être qui tourmente la déesse auguste entre toutes, la Terre, la Terre éternelle et infatigable, avec ses charrues qui vont chaque année la sillonnant sans répit, celui qui la fait labourer par les produits de ses cavales. Les oiseaux étourdis, il les enserre et il les prend, tout comme le gibier des champs et les poissons peuplant les mers, dans les mailles de ses filets, l'homme à l'esprit ingénieux. Par ses engins il se rend maître de l'animal sauvage qui va courant les monts, et, le moment venu, il mettra sous le joug et le cheval à l'épaisse crinière, et

l'infatigable taureau des montagnes. Parole, pensée vite comme le vent, aspirations d'où naissent les cités, tout cela, il se l'est enseigné à lui-même, aussi bien qu'il a su, en se faisant un gîte, se dérober aux traits du gel ou de la pluie, cruels à ceux qui n'ont d'autre toit que le ciel. Bien armé contre tout, il ne se voit désarmé contre rien de ce que lui peut offrir l'avenir. Contre la mort seule, il n'aura jamais de charme permettant de lui échapper, bien qu'il ait déjà su contre les maladies les plus opiniâtres imaginer plus d'un remède. Mais, ainsi maître d'un savoir dont les ingénieuses ressources dépassent toute espérance, il peut prendre ensuite la route du mal tout comme du bien. Qu'il fasse donc dans ce savoir une part aux lois de sa ville et à la justice des dieux, à laquelle il a juré foi. Il montera alors très haut dans sa cité, tandis qu'il s'exclut de cette cité le jour où il laisse le crime le contaminer par bravade. Ah ! qu'il n'ait plus de part alors à mon foyer ni parmi mes amis, si c'est là comme il se comporte !

Sophocle, *Antigone*, v. 332-375, trad. Mazon,
Gallimard, coll. « Folio », pp. 104-106.

Pic de La Mirandole (1463-1494)

De la dignité de l'homme (1486)

Grand érudit et humaniste chrétien, Pic de La Mirandole s'interroge à son tour sur la nature humaine et développe l'idée, notamment à travers une prosopopée divine, que l'homme a la capacité d'évoluer, qu'il n'est pas enfermé dans les données initiales d'une nature immuable.

Le parfait artisan décida finalement qu'à celui à qui il ne pouvait rien donner en propre serait commun tout ce qui avait été le propre de chaque créature. Il prit donc l'homme, cette œuvre à l'image indistincte, et l'ayant placé au milieu du monde, il lui parla ainsi : « Je ne t'ai donné ni place déterminée, ni visage propre, ni don particulier, ô Adam, afin que ta place, ton visage et tes dons, tu les veuilles, les conquières et les possèdes par toi-même. La nature enferme d'autres espèces en des lois par moi établies. Mais toi, que ne limite aucune borne, par ton propre arbitre, entre les mains duquel je t'ai placé, tu te définis toi-même. Je t'ai mis au milieu du monde, afin que tu puisses mieux contempler autour de toi ce que le monde contient. Je ne t'ai fait ni céleste ni terrestre, ni mortel ni immortel, afin que, souverain de toi-même, tu achèves ta propre forme librement, à la façon d'un peintre ou d'un sculpteur. Tu pourras dégénérer en formes inférieures, comme celles des bêtes, ou, régénéré, atteindre les formes supérieures qui sont divines. »

Ô souveraine générosité de Dieu le Père ! souveraine et admirable félicité de l'homme ! À lui, il est donné d'avoir ce qu'il désire et d'être ce qu'il veut. Les bêtes, au moment où elles naissent, portent en elles dès la matrice de leur mère, comme dit Lucilius, tout ce qu'elles auront. Les esprits supérieurs ont été dès le commencement ou peu après, ce qu'ils seront à jamais dans les siècles des siècles. Mais dans chaque homme qui naît, le Père a introduit des semences de toutes sortes, des germes de toute espèce de vie. Ceux que chacun a cultivé croîtront, et ils porteront des fruits en lui. [...]

Qui n'admirerait ce caméléon que nous sommes ? Et sinon qui admirera davantage quoi que ce soit d'autre ?

Asclépios l'Athénien a dit à juste titre de ce caméléon qu'il était signifié dans les mystères par la figure de Protée, en raison de sa nature muable, qui se transforme elle-même

Pic de La Mirandole, *De la dignité de l'homme*,
trad. G. Boulnois et G. Tognion, PUF, 1993.

II) SENS DU RÉCIT : PARABOLE, FABLE, APOLOGUE

L'homme a souvent besoin d'un détour qui lui montre, par le biais d'une analogie, une vérité difficile à entendre. Le récit argumentatif peut être un puissant outil d'édification (comme l'Évangile), une esquive de la censure (*Gargantua* de Rabelais ; La Fontaine) car il vise à plaire autant qu'à instruire (La Fontaine). C'est une façon d'aborder par la tangente une réalité difficilement accessible.

Nouveau Testament (Ier siècle ap. J.-C.)

Évangile de Matthieu

Au cours de sa courte période de prédication, Jésus s'adresse aussi bien aux puissants lettrés qu'aux humbles sans culture. Le détour par la parabole se révèle alors fort utile.

En ce jour-là, Jésus sortit de la maison et s'assit au bord de la mer. Et des foules nombreuses s'assemblèrent auprès de lui, si bien qu'il monta dans une barque et s'assit ; et toute la foule se tenait sur le rivage. Et il leur parla de beaucoup de choses en paraboles.

Il disait : « Voici que le semeur est sorti pour semer. Et comme il semait, des grains sont tombés au bord du chemin, et les oiseaux sont venus tout manger. D'autres sont tombés sur les endroits rocheux où ils n'avaient pas beaucoup de terre, et aussitôt ils ont levé, parce qu'ils n'avaient pas de profondeur de terre ; mais, une fois le soleil levé, ils ont été brûlés et, faute de racine, se sont desséchés. D'autres sont tombés sur les épines, et les épines ont monté et les ont étouffés. D'autres sont tom-

bés sur la bonne terre et ont donné du fruit, l'un cent, l'autre soixante, l'autre trente. Entende qui a des oreilles ! »

Les disciples s'approchant lui dirent : « Pourquoi leur parles-tu en paraboles ? » – « C'est que, répondit-il, à vous il a été donné de connaître les mystères du Royaume des Cieux, tandis qu'à ces gens-là cela n'a pas été donné. Car celui qui a, on lui donnera et il aura du surplus, mais celui qui n'a pas, même ce qu'il a lui sera enlevé. C'est pour cela que je leur parle en paraboles : parce qu'ils voient sans voir et entendent sans entendre ni comprendre. »

[...]

« Quant à vous, heureux vos yeux parce qu'ils voient ; heureuses vos oreilles parce qu'elles entendent. En vérité je vous le dis, beaucoup de prophètes et de justes ont souhaité voir ce que vous voyez et ne l'ont pas vu, entendre ce que vous entendez et ne l'ont pas entendu !

« Écoutez donc, vous, la parabole du semeur. Quelqu'un entend-il la Parole du Royaume sans la comprendre, arrive le Mauvais qui s'empare de ce qui a été semé dans le cœur de cet homme ; tel est celui qui a été semé au bord du chemin. Celui qui a été semé sur les endroits rocheux, c'est l'homme qui, entendant la Parole, l'accueille aussitôt avec joie ; mais il n'a pas de racine en lui-même, il est l'homme d'un moment : survienne une tribulation ou une persécution à cause de la Parole, aussitôt il succombe. Celui qui a été semé dans les épines, c'est celui qui entend la Parole, mais le souci du monde et la séduction de la richesse étouffent cette Parole, qui demeure sans fruit. Et celui qui a été semé dans la bonne terre, c'est celui qui entend la Parole et la comprend ; celui-là porte du fruit et produit tantôt cent, tantôt soixante, tantôt trente. »

La Bible, trad. Bible de Jérusalem, ch. 13, l. 1-23.

François Rabelais (1483-1553)

Gargantua (1533)

Dans le prologue, Rabelais dédie son livre aux « Buveurs très illustres » et aux « vérolés très précieux », en les invitant à ne pas se contenter de l'apparente futilité de son récit mais à en approfondir le sens.

À quoi tend, à votre avis, ce prélude et coup d'essai ? C'est que vous, mes bons disciples, et quelques autres fous oisifs, en lisant les joyeux titres de quelques livres de notre invention, comme *Gargantua, Pantagruel, Fessepinte, La Dignité des braguettes, Des pois au lard avec commentaire*, etc., vous pensez trop facilement qu'on n'y traite que de moqueries, folâtreries et joyeux mensonges, puisque l'enseigne extérieure (c'est le titre) est, sans chercher plus loin, habituellement reçue comme moquerie et plaisanterie. Mais il ne faut pas considérer si légèrement les œuvres des hommes. Car vous-mêmes vous dites que l'habit ne fait pas le moine, et tel est vêtu d'un froc qui au-dedans n'est rien moins que moine, et tel est vêtu d'une cape espagnole qui, dans son courage, n'a rien à voir avec l'Espagne. C'est pourquoi il faut ouvrir le livre et soigneusement peser ce qui y est traité. Alors vous reconnaîtrez que la drogue qui y est contenue est d'une tout autre valeur que ne le promettait la boîte : c'est-à-dire que les matières ici traitées ne sont pas si folâtres que le titre le prétendait.

Et en admettant que le sens littéral vous procure des matières assez joyeuses et correspondant bien au titre, il ne faut pourtant pas s'y arrêter, comme au chant des sirènes, mais interpréter à plus haut sens ce que hasard vous croyiez dit de gaieté de cœur.

Avez-vous jamais crocheté une bouteille ? canaille ! souvenez-vous de la contenance que vous aviez. Mais avez-vous jamais vu un chien ren-

contrant quelque os à moelle ? C'est, comme dit Platon au livre II de la *République*, la bête la plus philosophe du monde. Si vous l'avez vu, vous avez pu noter avec quelle dévotion il guette son os, avec quel soin il le garde, avec quelle ferveur il le tient, avec quelle prudence il l'entame, avec quelle passion il le brise, avec quel zèle il le suce. Qui le pousse à faire cela ? Quel est l'espoir de sa recherche ? Quel bien en attend-il ? Rien de plus qu'un peu de moelle. Il est vrai que ce peu est plus délicieux que le beaucoup d'autres produits, parce que la moelle est un aliment élaboré selon ce que la nature a de plus parfait, comme le dit Galien, au 3e livre *Des Facultés naturelles* et au 11e de *L'Usage des parties du corps.*

À son exemple, il vous faut être sages pour humer, sentir et estimer ces beaux livres de haute graisse, légers à la poursuite et hardis à l'attaque. Puis, par une lecture attentive et une méditation assidue, rompre l'os et sucer la substantifique moelle, c'est-à-dire – ce que je signifie par ces symboles pythagoriciens – avec l'espoir assuré de devenir avisés et vaillants à cette lecture. Car vous y trouverez une bien autre saveur et une doctrine plus profonde, qui vous révélera de très hauts sacrements et mystères horrifiques, tant sur notre religion que sur l'état de la cité et la gestion des affaires.

François Rabelais, *Gargantua*, traduction en français moderne de M.-M. Fragonard, Pocket, 1992.

Jean de La Fontaine (1621-1695)

Fables (1679)

À l'intérieur de son recueil, La Fontaine place une réflexion sur l'utilité et la puissance du genre littéraire de la fable, non sans constater que cela ne fait que prouver la faiblesse de la raison humaine.

LE POUVOIR DES FABLES

Dans Athène autrefois peuple vain et léger,
Un Orateur voyant sa patrie en danger,
Courut à la Tribune ; et d'un art tyrannique,
Voulant forcer les cœurs dans une république,
Il parla fortement sur le commun salut.
On ne l'écoutait pas : l'Orateur recourut
   À ces figures violentes
Qui savent exciter les âmes les plus lentes.
Il fit parler les morts, tonna, dit ce qu'il put.
Le vent emporta tout ; personne ne s'émut.
   L'animal aux têtes frivoles
Étant fait à ces traits, ne daignait l'écouter.
Tous regardaient ailleurs : il en vit s'arrêter
À des combats d'enfants, et point à ses paroles.
Que fit le harangueur ? Il prit un autre tour.
Cérès, commença-t-il, faisait voyage un jour
   Avec l'Anguille et l'Hirondelle :
Un fleuve les arrête ; et l'Anguille en nageant,
   Comme l'Hirondelle en volant,
Le traversa bientôt. L'assemblée à l'instant
Cria tout d'une voix : Et Cérès, que fit-elle ?
   – Ce qu'elle fit ? un prompt courroux
   L'anima d'abord contre vous.
Quoi, de contes d'enfants son peuple s'embarrasse !
Et du péril qui le menace
Lui seul entre les Grecs il néglige l'effet !
Que ne demandez-vous ce que Philippe fait ?
   À ce reproche l'assemblée,
   Par l'Apologue réveillée,

Se donne entière à l'Orateur :
Un trait de Fable en eut l'honneur.
Nous sommes tous d'Athène en ce point ; et moi-même,
Au moment que je fais cette moralité,
Si *Peau d'âne* m'était conté,
J'y prendrais un plaisir extrême,
Le monde est vieux, dit-on : je le crois, cependant
Il le faut amuser encor comme un enfant.

Jean de La Fontaine, *Fables*, Livre VIII, 4.

Honoré de Balzac (1799-1850)

Le Père Goriot (1834)

Rastignac, jeune homme sans fortune et dévoré d'ambition, est l'amant d'une femme dépensière. Un bagnard lui propose de l'aide : il organisera l'assassinat d'un homme dont la mort lui rapportera gros. Rastignac doute. Il en parle à son ami Bianchon, étudiant en médecine.

– Je suis tourmenté par de mauvaises idées.

– En quel genre ? Ça se guérit, les idées.

– Comment ?

– En y succombant.

– Tu ris sans savoir ce dont il s'agit. As-tu lu Rousseau ?

– Oui.

– Te souviens-tu de ce passage où il demande à son lecteur ce qu'il ferait au cas où il pourrait s'enrichir en tuant à la Chine par sa seule volonté un vieux mandarin, sans bouger de Paris.

– Oui.

– Eh bien ?

– Bah ! J'en suis à mon trente-troisième mandarin.

– Ne plaisante pas. Allons, s'il t'était prouvé que la chose est possible et qu'il te suffit d'un signe de tête, le ferais-tu ?

– Est-il bien vieux, le mandarin ? Mais, bah ! jeune ou vieux, paralytique ou bien portant, ma foi… Diantre ! Eh bien, non.

– Tu es un brave garçon, Bianchon. Mais si tu aimais une femme à te mettre pour elle l'âme à l'envers, et qu'il lui fallût de l'argent, beaucoup d'argent pour sa toilette, pour sa voiture, pour toutes ses fantaisies enfin ?

– Mais tu m'ôtes la raison, et tu veux que je raisonne.

– Eh bien ! Bianchon, je suis fou, guéris-moi. J'ai deux sœurs qui sont des anges de beauté, de candeur, et je veux qu'elles soient heureuses. Où prendre deux cent mille francs pour leur dot d'ici à cinq ans ? Il est, vois-tu, des circonstances dans la vie où il faut jouer gros jeu et ne pas user son bonheur à gagner des sous.

– Mais tu poses la question qui se trouve à l'entrée de la vie pour tout le monde, et tu veux couper le nœud gordien avec l'épée. Pour agir ainsi, mon cher, il faut être Alexandre, sinon l'on va au bagne. Moi, je suis heureux de la petite existence que je me créerai en province, où je succéderai tout bêtement à mon père. Les affections de l'homme se satisfont dans le plus petit cercle aussi pleinement que dans une immense circonférence. Napoléon ne dînait pas deux fois, et ne pouvait pas avoir plus de maîtresses qu'en prend un étudiant en médecine quand il est interne aux Capucins. Notre bonheur, mon cher, tiendra toujours entre la plante de nos pieds et notre occiput ; et, qu'il coûte un million par an ou cent louis, la perception intrinsèque en est la même au-dedans de nous. Je conclus à la vie du Chinois.

– Merci, tu m'as fait du bien, Bianchon ! nous serons toujours amis.

Honoré de Balzac, *Le Père Goriot.*

BIBLIOGRAPHIE

• Œuvres de Roy Lewis

– *La Véritable Histoire du dernier roi socialiste*, Actes Sud, 1993 pour la traduction française.
– *Mr Gladstone et la demi-mondaine*, Actes Sud, 1993 pour la traduction française.

• Ouvrages sur la préhistoire

– *L'aube des civilisations*, Gallimard-Larousse, « Découvertes junior », 1991.
– *Les chasseurs de la préhistoire*, Errance, « Les éclats du passé », 1994.
– Andrée Chédid, *Lucy, la femme verticale*, Flammarion, 1983.
– Yves Coppens, *Pré-ambules. Les premiers pas de l'homme*, Odile Jacob, 1988.
– Yves Coppens, *Le Genou de Lucy*, Odile Jacob, 1999.
– Catherine Louboutin, *Au néolithique, les premiers paysans du monde*, Gallimard, « Découvertes », 1990.
– Joseph H. Reichholf, *L'émergence de l'homme*, Flammarion, « Champs », 1993.
– Pierre Shaeffer, *Faber et Sapiens*, Belfond, 1986.
– Herbert Thomas, *L'homme avant l'homme, le scénario des origines*, Gallimard, « Découvertes », 1994.
– Denis Vialon, *Au cœur de la préhistoire*, Gallimard, « Découvertes », 1996.

• Revues sur la préhistoire

– *La Recherche*, « L'Art des chasseurs paléolithiques », juillet-août 1991, n° 234.
– *La Recherche*, « Nos ancêtres singes ou hommes », pp. 28-37, septembre 2001, n° 345.
– *Sciences et avenir*, hors-série, décembre 2000-janvier 2001.
– *Sciences et avenir*, n° 650, avril 2001.
– *Sciences humaines*, Jean-François Dortier, « Les origines de l'art », n° 114, mars 2001.

• Œuvres romanesques

– J. H. Rosny, *La Guerre du feu*, 1911.
– Vercors, *Les Animaux dénaturés*, 1952.

• Sur Roy Lewis

Annie Collognat, « postface » à *Pourquoi j'ai mangé mon père*, Pocket, 1990.

• Ouvrage général

Henri Bergson, *Le Rire*, 1899.

SITE INTERNET

www.ac-nantes.fr/peda/disc/lettres/ressourc/lycpro/lewis/pourkoi.htm

FILMOGRAPHIE

– *2001 : l'Odyssée de l'espace*, Stanley Kubrick, 1968.
– *La Guerre du feu*, Jean-Jacques Annaud, 1981.
– *Human nature*, Michel Gondry, 2001.

VISITER

– Musée des Antiquités nationales
78100 Saint-Germain-en-Laye
Tél. : 01-39-10-13-00
Visites tous les jours sauf mardi, de 9 h à 17 h 15. Collection archéologique de la préhistoire au Moyen Âge.

– Musée national de la Préhistoire
24620 Les Eyzies
Tél. : 05-53-06-45-45
Site : www.arachnis.asso.fr/dordogne/viecult/musees/eyzies/msnpreho.htm
Ouvert toute l'année sauf le mardi.

– Grottes de Lascaux
Site : www.culture.fr/culture/arcnat/lascaux/fr/

Dans la collection

Classiques & Contemporains

SÉRIES COLLÈGE ET LYCÉE

1 **Mary Higgins Clark,** *La Nuit du renard*
2 **Victor Hugo,** *Claude Gueux*
3 **Stephen King,** *La Cadillac de Dolan*
4 **Pierre Loti,** *Le Roman d'un enfant*
5 **Christian Jacq,** *La Fiancée du Nil*
6 **Jules Renard,** *Poil de Carotte* (comédie en un acte), suivi de *La Bigote* (comédie en deux actes)
7 **Nicole Ciravégna,** *Les Tambours de la nuit*
8 **Sir Arthur Conan Doyle,** *Le Monde perdu*
9 **Poe, Gautier, Maupassant, Gogol,** *Nouvelles fantastiques*
10 **Philippe Delerm,** *L'Envol*
11 *La Farce de Maître Pierre Pathelin*
12 **Bruce Lowery,** *La Cicatrice*
13 **Alphonse Daudet,** *Contes choisis*
14 **Didier van Cauwelaert,** *Cheyenne*
15 **Honoré de Balzac,** *Sarrazine*
16 **Amélie Nothomb,** *Le Sabotage amoureux*
17 **Alfred Jarry,** *Ubu roi*
18 **Claude Klotz,** *Killer Kid*
19 **Molière,** *George Dandin*
20 **Didier Daeninckx,** *Cannibale*
21 **Prosper Mérimée,** *Tamango*
22 **Roger Vercel,** *Capitaine Conan*
23 **Alexandre Dumas,** *Le Bagnard de l'Opéra*
24 **Albert t'Serstevens,** *Taïa*

25 **Gaston Leroux,** *Le Mystère de la chambre jaune*
26 **Éric Boisset,** *Le Grimoire d'Arkandias*
27 **Robert Louis Stevenson,** *Le Cas étrange du Dr Jekyll et de M. Hyde*
28 **Vercors,** *Le Silence de la mer*
29 **Stendhal,** *Vanina Vanini*
30 **Patrick Cauvin,** *Menteur*
31 **Charles Perrault, Mme d'Aulnoy, etc.,** *Contes merveilleux*
32 **Jacques Lanzmann,** *Le Têtard*
33 **Honoré de Balzac,** *Les Secrets de la princesse de Cadignan*
34 **Fred Vargas,** *L'Homme à l'envers*
35 **Jules Verne,** *Sans dessus dessous*
36 **Léon Werth,** *33 Jours*
37 **Pierre Corneille,** *Le Menteur*
38 **Roy Lewis,** *Pourquoi j'ai mangé mon père*
39 **Charles Baudelaire,** *Les Fleurs du mal*
40 **Yasmina Reza,** *Art*
41 **Émile Zola,** *Thérèse Raquin*
42 **Éric-Emmanuel Schmitt,** *Le Visiteur*
43 **Guy de Maupassant,** *Les deux Horla*
44 **H. G. Wells,** *L'Homme invisible*
45 **Alfred de Musset,** *Lorenzaccio*
46 **René Maran,** *Batouala*
47 **Paul Verlaine,** *Confessions*
48 **Voltaire,** *L'Ingénu*

SÉRIE ANGLAIS

1 **Roald Dahl,** *Three Selected Short Stories*
2 **Oscar Wilde,** *The Canterville Ghost*
3 **Allan Ahlberg,** *My Brother's Ghost*
4 **Saki,** *Selected Short Stories*

NOTES PERSONNELLES

NOTES PERSONNELLES

NOTES PERSONNELLES

NOTES PERSONNELLES

NOTES PERSONNELLES

NOTES PERSONNELLES

NOTES PERSONNELLES

Couverture
Conception graphique : Marie-Astrid Bailly-Maître
Photo : © Bob Bowdey/Hoa-Qui

Intérieur
Conception graphique : Marie-Astrid Bailly-Maître
Réalisation : Nord Compo, Villeneuve-d'Ascq

Remerciements de l'éditeur
Aux éditions Actes Sud qui ont joué le jeu de la collection « Classiques & Contemporains » avec amabilité.

Remerciements de Matthieu Gamard
À mon père qui fait tant pour nourrir les autres.
À Larry Blanc pour les précisions historiques.

Remerciements de Matthieu Gamard et Nathalie Lebailly
À Célia pour sa disponibilité et son efficacité.

Titre original : *The Evolution Man*

www.magnard.fr

Imprimé en France par Pollina, 85400 Luçon - n° L86556
Dépot légal: Avril 2002
N°éditeur : 2002/221